《今朝——2012年以来的湖南》图书资源

图书总码

我们这十年

产业在奔腾

教育引领科技

从乡村到城市

文旅新湖南

区域发展，山乡巨变

今朝

—— 2012 年以来的湖南

朱翔 编著

湖南美术出版社
全国百佳图书出版单位

序言

2012年以来的湖南

Preface

·托起明天的太阳,幸福新一代

湖南这块亘古的热土，曾洋溢着楚风汉韵，而今，一种雄强而壮美的生活正建基于其上。

湖南土地面积21.18万平方公里，占我国总面积的2.2%。这里山岳耸峙，幕阜山、罗霄山、武陵山、雪峰山、五岭，群山合围成一只奋疾的马蹄形状；发达的水系蜿蜒在群山当中，湘江、资江、沅江、澧水号称"四水"，滋养着这方水土，又都注入浩浩洞庭。从密布的河网，到纷呈的丘陵，湖南的山川形胜，人文蔚起。

新时代湖南在全面实现小康社会的伟大征程上，精准扶贫这攻坚克难的一仗就在湖南西北角吹响进军的号角。

2013年11月，在花垣县十八洞村，习近平总书记首次提出精准扶贫，一场脱贫攻坚战在湖南率先打响，并激荡全国。湖南贫困人口从改革开放初期的4458万减少到2019年底的19.9万，累计减贫4438.1万人。近五年来，湖南更是力度空前，五年内脱贫477.6万人，累计使

51个县、6920个村、682万人甩掉贫困帽子。

湖南实施"一县一特、一村一品"工程和"千企帮村万社联户"行动，推动城乡安全饮水、基层公共服务、社会保障、农村危房改造、道路通村通组、义务教育等"六个全覆盖"，编织贫困群众民生保障网。在精准扶贫领域，一批可供复制的"湖南办法"撒播向全国，一系列沉甸甸的成果，让"全面建成小康社会"落地为现实。

东风持续吹向湖湘大地的千乡万村。按照中央战略部署，2018年12月，湖南省委、省人民政府印发《湖南省乡村振兴战略规划（2018—2022年）》。该规划坚持乡村振兴和新型城镇化双轮驱动，将全省划分成先行区、重点区、攻坚区三类，采取梯次推动战略。围绕产业兴旺、农村人居环境整治、农民增收、乡村治理、乡村人才振兴和文化振兴，一批凝结湘人智慧的"湖南办法"，努力创造着乡村振兴的新传奇。

2021年4月30日，湖南省乡村振兴局正式挂牌成立，从省到市、县，各级乡村振兴局迅速成立，这将为全省统筹推进实施乡村振兴战略提供有力的体制、机制保障。湖南正努力让人民的美满幸福，遍及千乡万户。

每个人的小美好都值得大写的守望，抗击新冠肺炎疫情中，湖南全力投入，快速响应，积极抗疫，最终在确诊病例千例以上的省份中率先实现病例清零，守住了人民的生命安全和民生福祉。

今朝，湖南这块土地正焕发雄强的伟力，中部崛起，"三高四新"，创新蝶变的湖南已然"当惊世界殊"。

2020年9月，习近平总书记在湖南考察时对湖南的未来提出崭新的期许：着力打造国家重要先进制造业、具有核心竞争力的科技创新、内陆地区改革开放的高地，在推动高质量发展上闯出新路子，在构建新发展格局中展现新作为，在推动中部地区崛起和长江经济带发展中彰显新担当，奋力谱写新时代坚持和发展中国特色社会主义的湖南新篇章。

2021年3月25日，《湖南省国民经济和社会发展第十四个五年规划和二〇三五年远景目标纲要》正式发布。这是我省开启现代化建设新征程的第一个五年规划，是湖南人民共同奋斗的行动纲领。总书记对于湖南"三高四新"的期许，正在规划中显影。

湖南经济已由高速增长阶段转向高质量发展阶段，正处在转变发展方式、优化经济结构、转换增长动力的攻关期，建设现代化经济体系是跨越关口的迫切要求和湖南发展的战略目标。

湖南省"十四五规划"提出了8个"现代化新湖南"，分别是："三个高地"支撑的现代化新湖南、区域协调发展的现代化新湖南、全面融入新发展格局的现代化新湖南、乡村振兴的现代化新湖南、人与自然和谐共生的现代化新湖南、民生福祉全面增进的现代化新湖南、文化守正创新的现代化新湖南、社会平安的现代化新湖南。

在芙蓉国这春风驰荡之地，每个人都是时代的在场者。时代在乎每个建设者的活力怒放，也关乎每个人的花好月圆，岁月静好。

到2022年底，全省主要指标将全面达到创新型省份要求的标准；瞩望未来，到2035年，湖南部分关键技术领跑世界，部分重点产业领域具备全球竞争力。湖南出得"湖"，心怀大世界！

朱 翔
2022年9月

目录

Contents

今朝——2012年以来的湖南

第一章 001 综述

一、地理环境　005

二、历史人文　008

三、辉煌成就　011

四、产业发展　014

五、对外开放　015

六、生态环境保护　019

第二章 025 农业

一、概述　027

二、农业兴旺发展　029

三、农产品加工增值　034

四、品牌强农　036

五、改善农业生产条件　037

六、农业科技创新　040

七、农业对外开放　041

八、建设美丽乡村　044

九、扶贫攻坚与乡村振兴　045

第三章 049 工业

一、概述　050

二、空间布局　052

三、园区建设　056

四、行业发展　060

第四章 075 交通运输

- 一、概述 076
- 二、铁路 082
- 三、公路 085
- 四、水运 088
- 五、民航 090

第五章 095 教育

- 一、概述 096
- 二、基础教育 099
- 三、高等教育 102
- 四、职业教育 106
- 五、终身教育 107
- 六、信息化建设 108
- 七、乡村教师队伍建设 109

第六章 113 区域发展

- 一、概述 114
- 二、长株潭城市群 116
- 三、洞庭湖区 126
- 四、湘南地区 136
- 五、湘西地区 142

第七章 155 科学技术

一、概述 156

二、设立科技计划，突出重点领域 158

三、创新驱动，塑造湖南发展新优势 164

第八章 169 文化艺术

一、概述 170

二、工作业绩 175

三、弘扬特色 178

第九章 183 城乡建设

一、概述 184

二、城乡环境整治 186

三、建筑业 188

四、房地产 191

五、电信 192

六、国土空间规划 193

第十章 旅游 197

一、旅游发展 198
二、景区景点和旅游线路建设 201
三、工作亮点 211

第十一章 民生建设 215

一、概述 216
二、就业 219
三、社会保障 220

附录 225

全书图表

page
001

Chapter I

第一章
综述

· 湘江晨曦

　　湖南省地处我国中部、长江中游，因主体位于洞庭湖以南而得名，因湘江流贯全境而简称"湘"，省会长沙市。湖南东邻江西，西接重庆、贵州，南靠广东、广西，北与湖北相连。湖南土地面积 21.18 万平方公里，占我国总面积的 2.2%，居各省、自治区、直辖市第 10 位。2020 年末，湖南总人口 7275.6 万，其中市镇人口 2630.8 万，乡村人口 4644.8 万。湖南现辖 13 个地级市和 1 个自治州，122 个县级行政区，包括 36 个市辖区、18 个县级市、68 个县。

2013年11月，习近平总书记在湖南视察时指出 希望湖南发挥作为东部沿海地区和中西部地区过渡带、长江开放经济带和沿海开放经济带接合部的"一带一部"区位优势，抓住产业梯度转移和国家支持中西部地区发展的重大机遇，提高经济整体素质和竞争力，加快形成结构合理、方式优化、区域协调、城乡一体的发展新格局。

2020年9月，习近平总书记在湖南考察时指出，湖南要着力打造国家重要先进制造业、具有核心竞争力的科技创新、内陆地区改革开放的高地，在推动高质量发展上闯出新路子，在构建新发展格局中展现新作为，在推动中部地区崛起和长江经济带发展中彰显新担当，奋力谱写新时代坚持和发展中国特色社会主义的湖南新篇章。

湖南立足全局统筹发展，着眼打基础、利长远，提升全省发展力、竞争力、持续力，高标准完善基础设施，高起点创建"五好"园区，高水平优化营商环境，多举措促进区域协调发展。湖南推进"一核两副三带四区"协调联动，长株潭都市圈建设列入国家"十四五"规划，洞庭湖生态经济区绿色发展水平稳步提升，湘南湘西承接产业转移示范区引进一系列重大项目。湖南巩固拓展脱贫攻坚成果，加强与乡村振兴有效衔接，打造省级美丽乡村和特色精品乡村。湖南大力推进绿色低碳循环发展，聚焦"一江一湖三山四水"主战场，擦亮了美丽湖南的生态品牌。

一 地理环境

湖南三面环山，地形大势为朝北开口的马蹄形盆地，东部为罗霄山脉，西部为武陵山脉和雪峰山脉，南部为南岭山脉，中部为湘中丘陵和盆地，北部为洞庭湖平原。炎陵神农峰（原名鄗峰）是全省最高点，海拔2122.4米。

湖南属大陆性亚热带季风湿润气候，气候特点可概括为四季分明、热量充足、降水较多、暑热期长。水资源总量2119亿立方米，人均水资源占有量2904立方米，水资源较为丰富。湖南河网密布，主要河流有湘江、资江、沅江和澧水，流长5公里以上的河流5341条，总长度85690公里。大部分河流由南向北汇入洞庭湖、长江，形成相对完整的洞庭湖水系。洞庭湖跨湘、鄂两省，是湖南最大的湖泊，北纳松滋、太平、藕池三口长江来水，西、南两侧接湘、资、沅、澧四水及汨罗江等小支流，再由城陵矶注入长江。

湖南矿产资源丰富，素有"有色金属之乡"和"非金属之乡"之称。已发现矿种 144 种，探明资源储量矿种 109 种。其中，能源矿产 7 种，金属矿产 39 种，非金属矿产 61 种，水气矿产 2 种。锑的储量居世界首位，钨、铋、铷、锰、钒、铅、锌以及非金属雄黄、萤石、海泡石、独居石、金刚石等居我国前列。

湖南植物种类多样，群种丰富，是中国植物资源丰富的省份之一。主要树种有马尾松、杉、樟、檫、栲、青山栎、枫香以及竹类，此外有银杏、红豆杉、水杉、珙桐、黄杉、杜仲、伯乐树等 60 多种珍贵树种。野生动物主要有华南虎、金钱豹、穿山甲、羚羊、白鳍豚、花面狸等。

·华南虎、金钱豹、穿山甲、羚羊、白鳍豚、花面狸等

二
历史人文

湖南自古盛植木芙蓉，五代就有"秋风万里芙蓉国"之说。唐代谭用之以"秋风万里芙蓉国"誉之，毛泽东更用"芙蓉国里尽朝晖"来赞美湖南。

湖南是一个多民族的省份，有汉、土家、苗、瑶、侗、白、回等55个民族，世居少数民族多分布于湘西、湘南和湘东山区。少数民族人口约占湖南总人口的10%。其中，苗族、土家族人口较多，以湘西北相对集中，设有湘西土家族苗族自治州。

·通道侗族自治县芦笙舞

　　湖南历史上人才众多，灿若星河，被誉为"惟楚有材，于斯为盛"。湖湘文化的基本精神可概括为"淳朴重义、勇敢尚武、经世致用、自强不息"。湖南自古文教发达，宋代四大书院，湖南就有长沙岳麓书院和衡阳石鼓书院。如今，湖南是我国重要的教育科技大省。长株潭城市群是国家自主创新示范区，国防科技大学、中南大学、湖南大学正在创建国际一流大学，湖南师范大学正在创建国际一流学科。

三
辉煌成就

· 岳麓书院

　　近十年来，湖南经济社会发展取得了辉煌成就，逐步实现了从全面小康到基本现代化的历史性跨越。湖南省委省政府带领全省人民，在探索社会主义建设的征程上凝心聚力、筑梦前行，在复杂多变的国际形势中团结奋进，在坚忍前行的改革进程中攻坚克难、薪火相传。至2020年，湖南人均生产总值达到中等偏上收入国家水平，综合实力显著增强，生态环境不断改善，科教文卫、社会保障等社会事业日益进步。

湖南居民生活水平显著提高。老百姓获得感、幸福感、安全感越来越强。2010年，全省城镇居民家庭人均可支配收入16566元，农村居民人均可支配收入5622元。到2020年，城镇和农村居民人均可支配收入分别达到41697.5元和16585元，带动居民消费由生存型向温饱型、追求质量型和发展型转变。全年一般公共预算收入3008.8亿元。*（表1-1，见附录）*

随着城市化进程的明显加快，城乡人口流动不断增强，城镇化水平显著提高。湖南大力推动交通、能源、水利、信息"四张网"建设，基础设施网络不断优化，有力支撑了湖南的经济社会发展。三湘大地正发生巨大发展变化。

· *十八洞村*

一是从贫困落后到全面小康的跨越。全省地区生产总值从 2010 年的 15574.32 亿元跃升到 2020 年的 41781.49 亿元（表1-2，见附录），人均生产总值从 2010 年的 24005 元增长到 2020 年的 62900 元（表1-3，见附录）。湖南初步走出了一条以供给侧结构性改革推动高质量发展的路子。湖南提出建设富饶美丽幸福新湖南的发展愿景，确保全面建成小康社会，坚持生态优先、绿色发展，使三湘大地山清水秀、天朗地净，家园更美好，让全省人民都过上幸福生活。

二是从夯实基础到百业兴旺的跨越。湖南经济结构由单一的公有制经济发展到国资、民资、外资"三足鼎立"。湖南建立起门类齐全、独立完整的现代工业体系，形成了 3 个万亿级产业、11 个千亿级产业、20 条工业新兴优势产业链。湖南农业现代化水平不断提高，稻谷、生猪、水产品产量稳居全国前列。文化创意产业独树一帜，"电视湘军""出版湘军""动漫湘军"在国内外有着良好声誉，长沙获评世界"媒体艺术之都"，张家界等旅游目的地享誉全球。

三是从内陆封闭到创新开放的跨越。湖南从计划经济到商品经济、市场经济，从"关起门来搞建设"到高水平引进来、走出去。创新方面，先后涌现出了超级计算机、超级杂交稻、磁浮列车、"海牛号"深海钻机等世界先进科技成果。长株潭自主创新示范区、湘江新区、岳麓山大学科技城、马栏山视频文创园建设活力绽放。1/3 以上的世界 500 强企业在湖南有投资，综保区等开放平台数量居我国中部第 1 位。

四是从温饱不足到人民幸福的跨越。居民收入明显提高，城乡居民基本养老保险制度实现全覆盖，全民医保体系基本建成，九年义务教育全面普及，人均预期寿命由 2010 年的 74.7 岁提高到 2020 年的 77.0 岁，农村贫困人口得以全面消除。湖南贫困人口持续较少。高铁通车里程位居全国前列，城镇化率不断提升。（表1-4，见附录）

四
产业发展

近十年来,湖南经济总量不断壮大,地区生产总值由 2010 年的 15574.32 亿元增加到 2015 年的 28538.6 亿元,再增加到 2020 年的 41781.49 亿元,2021 年更达到 46063.1 亿元。

产业结构方面,实现了全面的优化提升。三次产业结构由 2010 年的 13.3:45.2:41.5,调整为 2020 年的 10.2:38.1:51.7。同时,建立起门类齐全、实力较强的现代工业体系,形成了装备制造、农产品加工、材料等 3 个万亿级产业,电子信息、医药、机械等 11 个千亿级产业。2020 年,服务业增加值达到 21603.36 亿元。2011—2020 年,湖南战略性新兴产业增加值年均增长 14.5%。新兴服务业蓬勃发展,快递业务量由 2012 年的 1.0 亿件,增长到 2020 年的 14.1 亿件,年均增长 39.2%。(表 1-5,见附录)

· 新长沙港码头

五
对外开放

湖南发挥"一带一部"区位优势,深入实施开放崛起专项行动,构建对外开放新格局。增强长株潭的创新开放引领带动作用,积极参与长江黄金水道建设与发展,构筑湖南西部陆路出海大通道。

推动外贸高质量发展,支持轨道交通、装备制造、工程机械、建筑业等优势产业和企业"抱团出海""借船出海",扩大对外工程承包和劳务合作,打造一批产业集聚度高、产品竞争力强的外贸生产基地。推动湘企出海、湘品出境。建成长沙航空口岸国际快件中心、张家界航空口岸国际货站,开通长沙、郴州"跨境一锁通"及常德—岳阳—上海"五定班轮"航线,永州国家级出口食品农产品质量安全示范市获批。

·黄花国际机场

湖南中欧班列已常态化开行至欧洲、中亚。民航开通了直飞洛杉矶、法兰克福、悉尼、墨尔本、莫斯科、伦敦、内罗毕等 22 个国家和地区的 57 条国际和地区航线，货运开通了长沙至北美、越南、泰国、菲律宾等多条全货机航班。城陵矶新港实现港、澳水路直航，开通了至东盟、澳大利亚的海上接力航线。主动服务国家开放战略，深化与"一带一路"沿线国家合作，落实与非洲、东南亚等地重点合作项目。建立健全对非经贸合作交流长效机制，加快建设中非经贸孵化园、研究院。

2016 年 6 月，长沙临空综合保税区获得国家正式批准。长沙黄花综合保税区位于长沙空港城，东至机场联络道，北至大元路，占地 2 平方公里，下分综合服务区、保税加工区和两个保税物流区。2017 年 5 月，长沙临空经济示范区成功获批。该示范区位于长沙主城区东侧，规划面积 140 平方公里。

湖南自贸试验区总面积 119.7 平方公里，确定了长沙、岳阳、郴州三个特色亮点片区。长沙片区面积 80.0 平方公里，突出临空经济，打造全球高端装备制造业基地、内陆地区高端现代服务业中心、中非经贸深度合作先行区和中部地区崛起增长极。岳阳片区面积 19.9 平方公里，突出临港经济，打造长江中游综合性航运物流中心、内陆临港经济示范区。郴州片区面积 19.8 平方公里，突出湘港澳直通，打造内陆地区承接产业转移和加工贸易转型升级重要平台以及湘粤港澳合作示范区。湖南自贸试验区明确了"一产业、一园区、一走廊"三大战略定位。"一产业"即打造世界级先进制造业集群。"一园区"即打造中非经贸深度合作先行区。"一走廊"即打造联通长江经济带和粤港澳大湾区的国际投资贸易走廊。高桥大市场现已成为非洲品牌的湖南发源地。

六
生态环境保护

　　湖南是一个发展中的大省，人口基数大，资源能源不足，环境污染和生态破坏问题相对突出。湖南结合实际和新时期发展框架，着力解决突出环境问题，继续开展污染防治攻坚战，打好蓝天、碧水、净土保卫战。出台洞庭湖水环境综合治理规划实施方案、湘江保护和治理第三个三年行动计划、湖南长江经济带发展负面清单和流域生态保护补偿机制实施方案，率先建立省级环保督察和自然资源督察体制机制。经过十多年的努力，湖南省不仅改善了环境质量，而且走上了生产发展、生活富裕、生态良好的健康发展之路。

　　水治理方面，推进"一江一湖四水"系统联治，加快实施山水林田湖草生态保护修复工程，全面完成重点水域禁捕退捕；深入推进洞庭湖水环境综合治理，实施湘江保护和治理第三个三年行动计划，持续开展饮用水水源地环境保护专项行动和黑臭水体治理，实现洞庭湖区乡镇污水处理设施全覆盖，确保地级城市集中式饮用水水源水质提升，完成1000个行政村生活污水治理。全省实现县级城镇生活污水垃圾收集处理设施全覆盖，建成县以上城市生活污水处理厂92座，污水处理率达到97.8%。

　　大气治理方面，加强重污染天气防范和应对，抓好长株潭及传输通道城市大气污染联防联控，推进钢铁等行业超低排放改造，完成超标排放柴油货车淘汰任务，推进船舶靠港使用岸电工作，开展扬尘、餐饮油烟等面源污染治理。在长株潭区域率先启动燃煤小锅炉淘汰、水泥行业脱硫脱硝除尘改造等措施，积极应对重污染天气，推动环境空气质量改善。2020年，长株潭区域PM2.5、PM10平均浓度较2015年显著下降，优良天数比例明显提升。

土壤治理方面，推进长株潭地区重金属污染耕地种植结构调整，开展打击固体废物环境违法专项行动、"三磷"专项排查整治行动，积极推进垃圾就地分类和资源化利用。加强尾矿库污染防治，推动矿业绿色发展。推进全域土地整治，开展国土绿化行动，持续推进生态廊道建设、天然林保护修复。

湖南大力推进湘江保护和治理"一号重点工程"。从2013年起，连续实施三个"三年行动计划"，全流域推进治矿、治砂、治污，全面推进农村面源污染整治和畜禽养殖退养。到目前为止，湘江流域实施重点治理项目3068个，株洲清水塘261家企业和湘潭竹埠港28家企业全部关停。三十六湾、锡矿山等地经过艰苦修复，如今已是满目葱茏。

加大湖南境内163公里长江岸线的保护力度，狠抓岸线整治，整顿码头乱象，清理违规项目。近年湖南关闭了42个非法砂石码头，整合沿江码头，推进集约发展。开展排污口、化工污染、固体废物等专项治理。

保护"长江之肾"——洞庭湖，推动黑臭水体治理、畜禽养殖粪污处理、沟渠塘坝清淤、湿地功能修复"四个全覆盖"，在饮用水水源地保护、污水处理、

·水浸皆湖，水落为洲——东洞庭湖

采砂等方面出台"十条禁止性措施"。在洞庭湖拆除矮围网围，清理自然保护区核心区黑杨，在所有工业园区配套建设污水集中处理设施。

洞庭湖是我国重要的湿地保护区和生态功能区。生态补偿机制的建立有助于提高洞庭湖区公民生态保护行为的积极性，因此，流域生态补偿机制的构建必须认真结合洞庭湖流域经济社会发展的实际情况，制定有针对性的生态补偿政策。

湖南禁捕水域分三个层次。一是水生生物保护区。全省 45 个水生生物保护区，自 2020 年 1 月 1 日起，全面禁止生产性捕捞。二是长江湖南段、洞庭湖、湘资沅澧"四水"干流除水生生物保护区以外的天然水域，自 2021 年 1 月 1 日起，实行暂定为期 10 年的常年禁捕。三是其他重点天然水域，禁渔范围和时间由所在县级以上人民政府决定。

湖南抓紧构建绿色低碳循环发展的经济体系，构建市场导向的绿色技术创新体系，壮大节能环保、清洁生产、清洁能源等产业。推进能源生产和消费革命，构建清洁低碳、安全高效的能源体系。推进资源全面节约和循环利用，降低水耗、能耗和物耗。倡导简约适度、绿色低碳的生活方式，创建节约型机关、绿色家庭、绿色学校、绿色社区，鼓励绿色出行。

湖南现有自然保护区 170 个，其中，国家级自然保护区 23 个、省级自然保护区 30 个。2020 年末，全省森林覆盖率 60.0%，湿地保护率达 75.8%。

·并驾齐驱,绿色出行,低碳生活

page
025

Chapter II

第二章
农业

一

概述

湖南是一个农业大省,盛产湘莲、茶叶、茶油、辣椒、苎麻、柑橘,畜牧业和养殖业位居全国前列,优质品种如宁乡猪、武冈铜鹅、湘东黑山羊、临武鸭。

近十年来,湖南推进农业供给侧结构性改革,实施农业"三个百千万工程"(百企千社万户现代农业发展工程、百片千园万名科技兴农工程、百城千镇万村新农村建设工程);打造农业优势特色千亿产业,实施品牌强农、特色强农、质量强农、产业融合强农、科技强农、开放强农"六大强农行动";加快建设以精细农业为特色的优质农副产品供应基地,大力发展农村新产业新业态。

·紫鹊界梯田

2020年全省农林牧渔业实现产值7512.0亿元，其中，农业3364.8亿元，林业428.0亿元，牧业2721.6亿元，渔业477.6亿元。农作物总播种面积840万公顷。粮食播种面积475.5万公顷，生产粮食3015.1万吨。湖南培育了粮食、畜禽、蔬菜、水果、油茶、茶叶等千亿级优势特色产业链。农产品加工、休闲农业、乡村旅游、农村电商竞相发展。全省农产品加工业年销售收入约2万亿元。休闲农业、乡村旅游蓬勃发展，年经营收入突破500亿元。农村电商营业额达到1200亿元。农村居民人均可支配收入，由2010年的5622元猛增到2020年的16585元。

湖南坚持把粮食生产作为农业工作的头等任务，湖南粮食产量由2010年的2881.6万吨提高到2020年的3105.1万吨。湖南以占全国3.2%的耕地生产了占全国4.5%左右的粮食，粮食单位面积产量比全国平均高10.7%以上，为国家粮食安全做出了重要贡献。油料、蔬菜、茶叶、水果、猪牛羊肉、水产品等均大幅度增长。产业结构由"粮猪独大"逐步向粮经饲统筹、农牧渔结合转变，高效经济作物发展到4000多万亩，牛羊等草食动物加快发展，经济作物产值占种植业产值的72%。湖南加快建设以精细农业为特色的优质农副产品供应基地，打造农业优势特色千亿产业。（表2-1、表2-2，见附录）

按照"一县一特"的发展思路，湖南建立了559个省级特色产业园、14个省级优质农副产品供应基地、10个现代农业特色产业集聚区，涌现出古丈毛尖、麻阳冰糖橙、新宁脐橙、江永香柚、炎陵黄桃、靖州杨梅等特色品牌。湖南做大做强农业省级区域公用品牌，支持供粤港澳大湾区"菜篮子""米袋子""果盘子"优势片建设。

全省修建各类水库 1.4 万座，重大水利工程建设稳步推进。洞庭湖流域治理任务、22 个蓄洪垸堤防加固工程基本完成。农机总动力由 2010 年的 4651.55 万千瓦增长到 2020 年的 6588.95 万千瓦。全省累计建成高标准农田 3316 万亩。湖南严守耕地红线和粮食安全底线，坚决遏制耕地"非农化"，防止"非粮化"。

二 农业兴旺发展

湖南粮食、生猪等大宗农产品产量大幅度增长，家禽、蔬菜、油菜、油茶、茶叶、水果、水产、中药材、楠竹等特色产业有了长足进步。2020 年粮食产量 3015.1 万吨，优质稻突破 1200 万亩，油料、蔬菜、茶叶、水果、水产品产量等持续增长。同年省内共有国家级农业龙头企业 60 家，省级农业产业化龙头企业 920 家，农机合作社 6000 家。创建各类省级农业园区 784 个，创建国家现代农业产业园 6 个。支持建设 60 个省级和 24 个国家级农业产业强镇。湖南实施"百企千社万户""百片千园万名""百城千镇万村"三大工程，着力打造以精细农业为特色的优质农副产品供应基地。

·土家族晒龙谷

　　着力推进基地生产环境绿化、生活环境美化，着力整治农村生活垃圾，按照布局美、产业美、环境美、生活美、风尚美标准，近十年建成省市县美丽乡村示范村6757个，省级授牌村641个。休闲农业、乡村旅游蓬勃发展，年经营收入逾500亿元。农村电子商务呈井喷式发展，县级电商服务运营中心覆盖率86%，2020年农村电商营业额达1200亿元。

　　湖南拥有以蔬菜为主的产地批发市场212个，销地批发市场180个，其中大型蔬菜批发市场13个，有马王堆、红星、中南、甘露寺、西园等5个国家级蔬菜批发市场。拥有国泰食品、插旗菜业、弘茂湘莲、汇美农业、湘汝繁华、军杰食品等一批蔬菜加工龙头企业。湖南积极对接粤港澳和国外市场，大力发展优质特色蔬菜，打造了"湘江源蔬菜""华容芥菜""祁东黄花菜""沅江芦笋""龙山百合"等一批农业区域公用品牌。

湖南现有国家级休闲渔业示范基地 31 个，拥有汉寿甲鱼、南县小龙虾、南县草龟、珊珀湖草鱼、珊珀湖花鲢、临澧黄花鱼、白泥湖大闸蟹、华容大湖胖头鱼、东江鱼、郴州高山禾花鱼、辰溪稻花鱼等著名水产品牌。

茶祖在湖南，茶源始三湘；茶为国饮，湖南为先。湖南拥有湘茶集团、湖南中茶、华莱生物等国家级龙头企业 3 家，省级龙头企业 69 家，现已形成"潇湘绿茶""安化黑茶""湖南红茶""岳阳黄茶""桑植白茶"五大区域公用品牌。

·资兴东江湖冷水鱼生态养殖

三
农产品加工增值

2020年湖南农产品加工业销售收入1.86万亿元，跻身全国七强。农产品加工业产值与农业产值之比2.55：1，农产品加工业占工业产值比重为32%，大宗农产品加工转化率达49%。农产品加工业产值过千亿元的市州6个，过百亿的县市区45个。

2020年湖南农产品加工企业达5万家，规模以上农产品加工企业5100家，其中，销售额过100亿元企业8家、50亿—100亿元企业11家、10亿—50亿元企业90家。湖南有农业产业化国家重点龙头企业60家、省级龙头企业695家；涉农上市公司22家，"新三板"挂牌企业30家。湖南有60家国家重点龙头企业、695家省级龙头企业、1042家市级龙头企业参与"千企帮村"，帮扶贫困村3010个。

粮食、畜禽、蔬菜产业全产业链产值突破2000亿元，茶叶、油料、水果、水产、中药材、楠竹等产业有望成为千亿产业。湖南农产品加工企业连接基地8900万亩，带动农户985万户，基地农户户均收入2.95万元，人均收入8500元。

湖南各地充分利用农业和旅游资源，大力发展休闲农庄、花果园林等特色旅游项目，农产品加工业、休闲农业、乡村旅游、农村电商竞相发展。全省创建省级休闲农业集聚发展示范村 30 个、休闲农业示范农庄 60 个。根据农业农村部"春观花""夏纳凉""秋采摘""冬农趣"推介活动要求，湖南精心推介了 29 条休闲旅游精品线路。加大湘赣边休闲农业培育力度，"湘赣红"品牌初具规模。湖南成功打造了 14 条市州跨县休闲农业精品旅游线路。

·宁乡花猪

四
品牌强农

湖南走质量兴农之路，突出绿色化、优质化、特色化、品牌化，大力推进农产品质量安全监管体系、检测体系、追溯体系建设，狠抓农业标准化生产，深入开展农产品质量安全县创建，全省农产品质量安全保持稳定向好的发展态势，监测合格率由 2010 年的 95% 提升到 2020 年的 98% 以上，从源头上保障了人民群众"舌尖上的安全"。

深入开展农业"百千万"工程，大力实施以精细农业为特色的强农行动，以市场为导向，以产业育品牌，以品牌拓市场，持续打造一批叫得响、过得硬、有影响力的区域公用品牌，"湘字号"农产品品牌效应日益提升。截至 2021 年 3 月，湖南已获农产品地理标志登记保护的产品达 116 个。

以品牌建设与全程质量安全管控为重点，健全省市县乡农产品质量安全监管机构，推行乡镇监管站机构队伍、职责职能、制度机制、设施装备、标识档案"五个规范化"建设。至 2020 年底，湖南省绿色、有机、地标农产品有效总数达到 2912 个，其中绿色食品 2554 个，居全国第 5 位；有机农产品 242 个，居全国第 2 位；农产品地理标志 116 个。加强农产品质量安全追溯体系建设，推广应用国家追溯平台，省市县三级 272 个监管机构和大多数农产品规模企业纳入管理，实现"带证上网、带码上线、带标上市"。

五 改善农业生产条件

近十年来，湖南农业生产条件显著改善。按照集中连片、因地制宜、突出特色、整体推进的原则，在全省重点打造 14 个高标准农田建设示范区。在湘赣边 10 个县，结合高效节水灌溉、优特色产业发展和特色小镇培育，建设 10 个高标准农田建设示范片区。2020 年湖南建设高标准农田 26 万公顷，发展高效节水灌溉农田 2.13 万公顷。

全程实施耕地质量管理，全面推进耕地质量建设，全力提升耕地持续和健康产出力，湖南土肥水工作呈现"双减双提双扩"的亮点。化肥施用总量、强度首次实现"双减"，核心示范区域耕地地力、全省耕地质量等级实现"双提"，关键技术覆盖率、水肥一体化推广实现"双扩"。坚持"预防为主，综合防治"植保方针，践行"公共植保、绿色植保、科学植保"理念，大力推进绿色防控和专业化统防统治，降低农药用量，确保农业生产安全、农产品质量安全和农业生态安全。

农业机械化水平不断提高。2020 年湖南农机总动力 6588.95 万千瓦，居全国第 5 位。同年农作物耕种收综合机械化水平达 52.2%。水稻耕种收综合机械化水平达 78.46%，机插（抛）、机耕、机收水平分别达到 39.2%、97.6%、

91.8%。油菜耕种收综合机械化水平达 62.0%，油菜机耕、机播、机收水平分别达到 87.2%、34.1%、56.3%。拥有谷物烘干机 10824 台套、大中型拖拉机 10.8 万台、联合收割机 13.1 万台、植保无人机 4948 台。农机制造和规模工业主营业务收入 268 亿元。*(表 2-3，见附录)*

湖南按照"精、调、改、替、提、集、带"技术路径，通过调优结构、精准施肥、有机肥替代、地力提升和技术集成，实现化肥减量增效。当前，湖南省每年测土配方施肥面积 9000 万亩以上，主要农作物技术覆盖率超过 90%，绿肥面积稳定在 1000 万亩。通过农村清洁工程，减少农业面源污染；合理利用秸秆、粪便生产沼气积极推进水肥一体化建设，实现了经济、社会、生态效益的最大化。

·双峰县井字镇生机村千亩水稻高产创建示范基地

六 农业科技创新

湖南现有农业科研人员 3900 多人，成果丰硕，影响深远，为湖南乃至全国、世界农业的发展作出了重要贡献。

湖南省农科院、湖南师范大学、湖南农业大学、安江农校、省棉科所、省蚕科所等建有国家杂交水稻工程技术研究中心，省生命科学联合研究中心，国家水稻、油菜、蚕桑、棉花、柑橘等农作物育种分中心、改良分中心和技术创新中心，还建设有湖南省蛋白质组学与发育生物学、杂交水稻分子育种等国家级、省级重点实验室。

自袁隆平院士 1964 年开创杂交水稻研究以来，我国杂交水稻研究不断取得突破，实现了从三系到两系再到超级杂交稻的三次重大技术创新。在我国帮助下，全球有近 40 个国家和地区开展杂交水稻研究和试种示范，其中美国、印度、越南、巴基斯坦、孟加拉国、印度尼西亚和菲律宾等国家已实现商业化生产。

院士风采：袁隆平——杂交水稻之父，2020年9月获"共和国勋章"；官春云——"为油菜钟情一甲子"；印遇龙——中国最著名的"养猪倌"；邹学校——"辣椒院士"；刘筠、刘少军——"让大家都吃上好鱼"；刘仲华——"茶是我一辈子离不开的事业"；柏连阳——杂草防控院士；单杨——果树加工院士；吴义强——木竹加工院士。

七 农业对外开放

湖南积极落实"推进科技强农、开放强农"等重大行动,农业"走出去"步伐不断加快。2020年,湖南省开展对外农业投资的企业有109家,投资区域横跨四大洲,涉及30个国家。湖南利用国际金融组织及外国政府贷款和无偿援助项目,重点加强良种与农业设备技术的引进。

为加快湘品出湘、湘品出境步伐,湖南省连续6年组织农业企业参加香港美食展,还组织农业企业参加了各种农业展览会,深入推动湖南农产品走向国际市场。在中国香港、澳门和美国等地建立了8个湖南农产品境外展示展销中心。2018年,湖南省成功承办全球农业南南合作高层论坛,通过了《全球农业南南合作高层论坛长沙宣言》。2019年,成功承办中非农业合作发展研讨会。由湖南省农业对外经济合作中心承担实施的中国援萨摩亚农业技术援助项目,至今已圆满完成第1—4期项目。湖南省派出9名农业专家,协助建成了南太平洋岛国最大综合性示范农场,被萨摩亚农渔业部誉为"能见度最高、效果最显著"的农业国际合作项目。

·石门县宝峰村

八
建设美丽乡村

湖南稳步推进"千村美丽、万村整治"工程，深入开展全域美丽乡村、美丽乡村示范村、省级精品乡村的创建。2014 年以来，湖南将新农村建设升级为美丽乡村建设，明确了美丽乡村建设的"五美"目标（布局美、产业美、环境美、生活美、风尚美），新农村与美丽乡村建设取得显著成效。全省初步形成了特色产业拉动型、休闲旅游助推型、工商资本扶持型、农民合作社引领型等多种乡村建设模式，形成了一批可复制、可推广的好经验、好典型。持续开展农村人居环境整治，实施改厕、改圈村庄清洁行动，农村面貌焕然一新。

湖南狠抓农业特色小镇建设，不仅惠及农业、农村、农民，也为城里人提供了休闲旅游的好去处。目前认定的农业特色小镇有 15 个：安化县黑茶小镇、浏阳市花木小镇、华容县芥菜小镇、邵东市廉桥中药材小镇、湘潭县湘莲小镇、新宁县脐橙小镇、汝城县辣椒小镇、炎陵县黄桃小镇、靖州县杨梅小镇、常宁市油茶小镇、长沙县金井绿茶小镇、湘阴县鹤龙湖蟹虾小镇、西湖管理区西洲牧业小镇、涟源市桥头河镇蔬菜小镇、南县南洲稻虾小镇。

· 古村祈福

九
扶贫攻坚与乡村振兴

2013年11月,习近平总书记在花垣县十八洞村首次提出精准扶贫。湖南把脱贫攻坚作为重大政治任务和第一民生工程来抓,脱贫攻坚捷报频传。特别是十八大以来,通过精准有效帮扶和贫困群众的自身努力,湖南贫困发生率逐年下降,到2020年底消除贫困县、贫困村,区域性整体贫困脱贫任务圆满完成。

湖南实施"一县一特、一村一品"工程和"千企帮村万社联户"行动,全力构建"县有支柱产业、村有特色经济、户有致富门路"的新格局,使扶贫由"大水漫灌"向"精准滴灌"转变,由外来"输血"向内生"造血"转变。

湖南瞄准贫困群众存在的突出问题展开清零行动,推动城乡安全饮水、基层公共服务、社会保障、农村危房改造、道路通村通组、义务教育等"六个全覆盖",编织贫困群众民生保障网。目前,湖南建档立卡贫困人口基本医疗、住房安全、饮水安全等突出问题动态清零,"十三五"易地扶贫搬迁建设任务全部完成。

湖南形成了一批在全国可复制、能推广的经验做法，蹚出"资金跟着穷人走、穷人跟着能人走、能人穷人跟着产业项目走、产业项目跟着市场走"的"四跟四走"产业扶贫新路子。积极探索"互联网＋监督"新手段，首创脱贫攻坚"三个落实"动态管理监测平台。全省共派出1.7万支驻村工作队、5.6万名工作队员，深入贫困一线开展帮扶，农村基层治理能力和管理水平也得到明显提升。

湖南开展了炎陵黄桃、祁东黄花菜、松柏猕猴桃、永兴和麻阳冰糖橙、靖州杨梅、新化黑米、大闸蟹、双峰葛粉面、汉寿蔬菜、石门柑橘等电商扶贫项目，取得了良好效果。

湖南将乡村振兴作为"三农"工作总抓手，成立了实施乡村振兴战略领导小组，发布了《关于实施乡村振兴战略开创新时代"三农"工作新局面的意见》《湖南省乡村振兴战略规划（2018—2022年）》。围绕产业兴旺、农村人居环境整治、农民增收、乡村治理、乡村人才振兴和文化振兴，分别出台行动计划或实施方案。湖南乡村振兴分三步走：到2020年取得重要进展，主体框架基本形成；到2035年取得决定性进展，基本实现农业农村现代化；到2050年乡村全面振兴，全面实现农业强、农村美、农民富的目标。

·脱贫脱单后,十八洞村苗家汉子的笑脸

page
049

Chapter III

第三章
工业

一 概述

　　湖南工业门类齐全，形成了工程机械、电子信息、新材料、石化、汽车及零部件、铅锌硬质合金等优势产业集群，拥有机械、轻工、食品、电子、石化、有色、冶金、建材、电力等千亿产业。2020 年湖南生产钢材 2720.7 万吨、10 种有色金属 166.8 万吨、水泥 10989.1 万吨、汽车 69.1 万辆、计算机 70.6 万台、手机 1615 万台、肥料（折纯）586932 吨、精制食用油 321.3 万吨、酒类 168.5 万千升。全省发电装机容量 4543 万千瓦，天然气年输送能力 60 亿方。

· 国防科技大学研制的"天河二号"超级计算机系统

湖南现为我国规模最大的工程机械制造基地。三一重工、中联重科、铁建重工、山河智能等 4 家企业入围 2020 年全球工程机械制造商 50 强，混凝土机械、建筑起重机械、大直径硬岩掘进机等产品市场占有率全球第一。三一集团装备板块年销售额破千亿元。湖南轨道交通装备产业实现营业收入 1300 亿元，电力机车全球市场占有率超过 20%。中车株机、中车株所为国内行业前五企业，世界最高时速的米轨动车组、世界首辆超级电容 100% 低地板有轨电车等拥有世界顶尖技术的高端产品均出自湖南。"天河二号"计算机六次蝉联国际高性能计算机世界 500 强榜首。

湖南建成国内首条 8 英寸 IGBT 生产线，完善中国长城基于 PK 技术的计算机体系。移动互联网产业从 2013 年起步，五年突破千亿元大关。2020 年全省软件产业收入过亿元的企业 189 家，其中中车时代电气和芒果 TV 营业收入超过 100 亿元。湖南有 16 家企业列入国家智能制造试点示范项目，获批国家智能制造标准化和新模式项目 27 个，3 个项目入选国家工业互联网创新工程。

"宁电入湘"工程取得实质性进展，已被纳为国家 9 条跨省跨区输电通道重点工程之一。该特高压工程途经宁夏、甘肃、陕西、重庆、湖北、湖南，线路长 1467 公里，其中湖南境内长 421 公里。湖南受端落点衡南县。该工程按年送电量 400 亿—440 亿千瓦时设计。

二 空间布局

湖南抓住产业梯度转移、国家支持中西部地区发展等重大机遇，构建"一核三极四带多点"战略新格局，即壮大打造长株潭核心引领区，建设岳阳、郴州、怀化新增长极，京广、洞庭湖区、沪昆、张吉怀经济带，打造以园区为主的众多地区增长点。

长株潭 为湖南工业增长的核心引擎。2020 年，长沙、株洲、湘潭规模工业企业实现营收 14434.3 亿元，全省占比 37.6%。长株潭拥有省级以上工业园区 27 家。长沙工程机械主营业务收入超过 1800 亿元。轨道交通装备产业配套齐全，大型企业有中车株所、中车株机、湘潭电机等。中小航空发动机占据全国 90% 以上市场，拥有 331 厂、608 所、山河科技等龙头企业。

洞庭湖区 2020 年，岳阳、常德、益阳规模工业企业实现营收 11349.6 亿元，全省占比 29.6%。岳阳市食品工业规模居全省第一位，有道道全、九鼎、华文、长康食品等规模以上食品工业企业 260 多家。岳阳拥有我国中部规模最大的炼油基地，原油一次加工能力达 1150 万吨 / 年。锂系聚合物、己内酰胺等产品产量全国第一。常德烟草产业占全省半壁江山。"芙蓉王"的产销量居全世界前十位，连续 12 年保持全国第一位。岳阳电磁搅拌器占国内市场份额 80%，起重电磁铁占国内市场份额 60%。益阳是湖南规模最大的船舶制造产业基地，2020 年沅江船舶制造产业园完成产值 80 亿元。

湘南地区 是湖南有色金属主产区和珠三角产业转移主要承接地。2020 年，郴州、衡阳、永州规模工业企业实现营收 6113.2 亿元，占全省比重为 15.94%。郴州是中国最大的白银、铋、微晶石墨生产基地，湖南最大的铅锌生产基地。衡阳拥有长江以南最大的岩盐、芒硝资源基地，形成了以建滔化工、新澧化工为龙头，恒光化工、达利化工、锦轩化工等 30 多家下游企业互动的循环经济。永州农产品精深加工业和中药提取物具有优势，青蒿素提取占全国市场份额的近六成。华菱衡钢、衡变公司近些年取得了骄人业绩。

大湘西地区 2020 年，邵阳、娄底、怀化、张家界、湘西自治州规模工业企业实现营收 5666.0 亿元，全省占比 14.8%。部分细分行业特色鲜明。邵东一次性打火机稳占全球市场 70% 的份额。邵东廉桥南国药都产业规模已经形成，隆回金银花、城步金钱柳、邵东玉竹等特色产品在全国占有较大的市场份额，邵东玉竹片占全国市场的 98.0%。怀化有色行业以黄金、锑、钨等产品为主。辰州矿业、邵阳湘窖、湘酒鬼皆取得了良好业绩。

· 2018年3月，中联重科3200吨履带式起重机成功助力福清核电6号机组完成穹顶吊装

· 株洲硬质合金集团有限公司先进的生产线

· 岳阳林纸（泰格林纸公司）"红色"8号生产线

· 青蒿

· 中车时代电气制造中心

·常德卷烟厂
·邵东打火机厂
·中联智慧产业城中大挖掘机装配下线
·华菱衡钢
·衡阳建滔化工生产车间
·南岳电控单体泵 EUP 装配线生产线
·山河智能
·湖南制造盾构机——走向世界的大国重器

三
园区建设

2020年湖南共有省级及以上产业园区143家，其中国家级园区21家（高新区8家、经开区8家、综合保税区5家），省级园区122家（高新区41家、经开区40家、工业集中区41家）。湖南园区综合实力显著提升，在高质量发展、创新能力提升、对外开放合作、绿色低碳发展等方面取得新突破。

2020年全省园区（不含综保区）实现技工贸总收入突破5万亿元，工业增加值1.0万亿元。上缴税金由2015年的1054.8亿元增加到2020年的1734.1亿元。湖南基本形成工程机械、轨道交通装备、航空动力三大世界级产业集群。

2020年湖南园区实现高新技术产业增加值6412.7亿元，高新技术企业8486家，拥有5家国家级科技企业孵化器，省级及以上研发机构1863家，省级及以上众创空间孵化器367家，省级及以上产业服务促进机构636家，支撑园区高质量发展科技创新平台体系基本建成。全省园区进出口总额约3500亿元，实际利用外资额114.9亿美元。

积极探索绿色园区建设新模式和新路径，着力巩固"三去一降一补"成果，园区单位工业增加值能耗、水耗均低于湖南全省平均水平，主要污染物排放较

2015 年大幅下降。绿色制造体系建设取得积极成效，工业固体废物资源综合利用示范创建工作顺利推进，新增 7 家国家级绿色园区，汨罗高新区入选国家首批绿色产业示范基地。

长沙经济技术开发区取得了辉煌业绩，工程机械、汽车及零部件、电子信息"两主一特"产业创新发展，培育了三一集团、铁建重工、山河智能等著名企业，集聚了上汽大众、广汽三菱、广汽菲克、北汽福田、三一重卡、吉利汽车、博世汽车、住友橡胶、索恩格、大陆集团等汽车及零部件知名企业。

长沙高新技术产业开发区拥有高新技术企业 1800 家，上市企业 47 家，世界 500 强企业及分支机构 31 家，知名央企 50 余家。形成了先进装备智能制造，以移动互联网为主的新一代电子信息、节能环保与新能源产业等主导产业，新材料、生物医药与健康和现代服务业等优势产业，以及北斗应用、装配式建筑、航空航天、增材制造等新兴产业"多点支撑"的产业格局。

2020 年，株洲高新区营业收入、技工贸总收入、地区生产总值分别达到 2698 亿元、2610 亿元、917 亿元。轨道交通产业是国家首批十个创新型产业集群之一，以中低速磁悬浮、轻轨车、动车组等为主体的轨道交通装备产业集群，在全球产业链、价值链中处于高端地位。

湖南岳阳绿色化工产业园以云溪工业园为依托，以巴陵石化和长岭炼化为龙头，形成"两厂四园"的用地布局，被评为国家新型工业化示范基地、国家循环化改造示范园区和国家低碳工业试点园区。到 2020 年，湖南岳阳绿色化工产业园产值跻身国家级化工园区行列，成为国内最大的炼化催化剂生产基地，国内最强的非乙烯化工新材料及特种化学品生产基地。

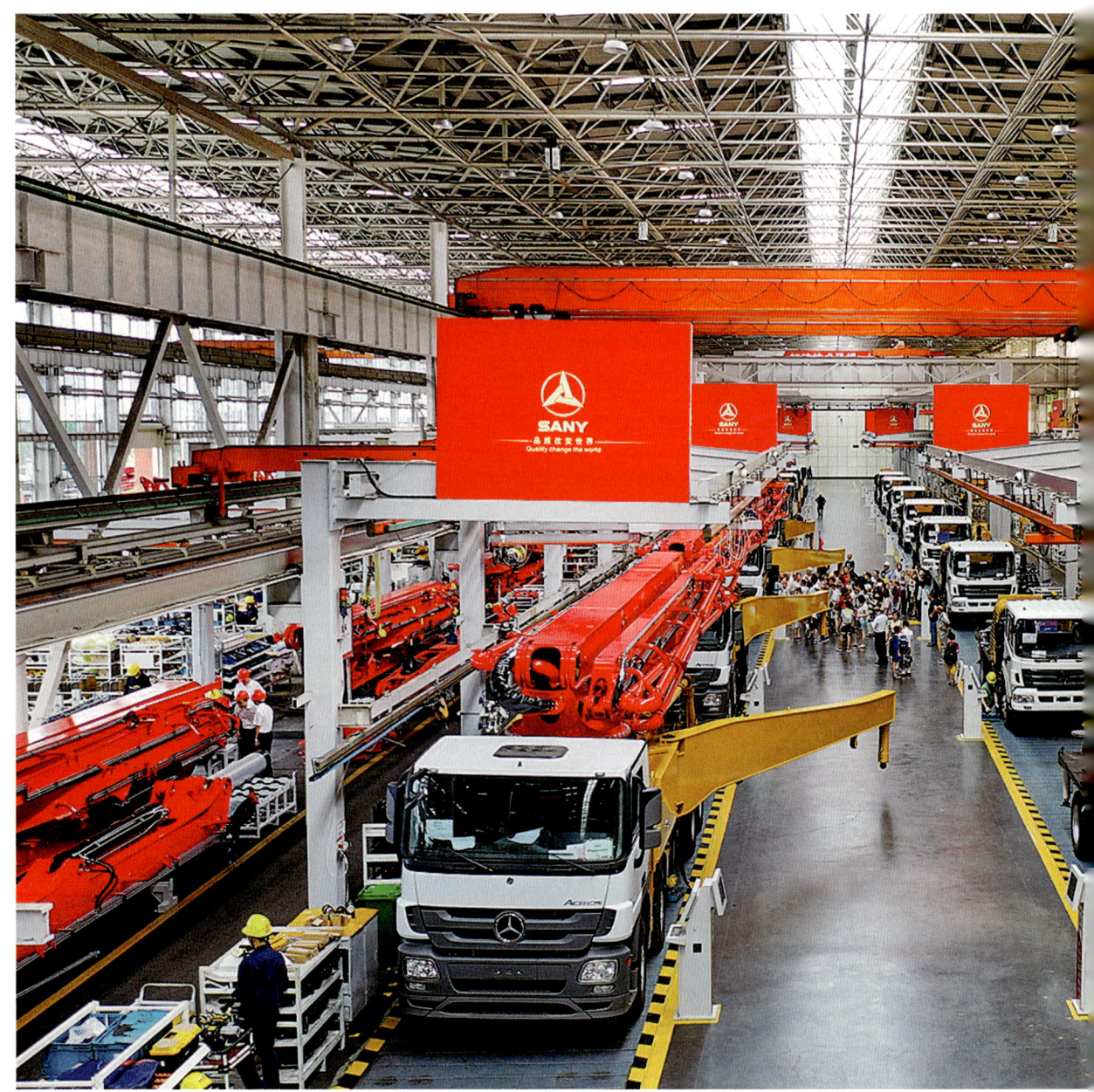

·三一重工18号厂房是目前亚洲最大最先进的智能化制造车间，可以实现69种产品的混装柔性生产

四
行业发展

按统计的国家标准分类，41个工业大类行业，湖南有39个（无石油和天然气开采业、开采辅助活动），31个制造业大类行业湖南均有分布。2020年湖南的装备、材料、消费品三个大类行业产值过万亿元，工程机械、轨道交通装备、汽车、电工电器、冶金、建材、有色、石化、食品、医药、轻工、纺织、烟草、电子信息、电力、移动互联网等16个产业产值过千亿元。

1. 下脚机械

2020年全省机械行业有规模以上企业3690个，完成主营业务收入9327.8亿元，实现利润514.9亿元。湖南机械工业主要分布在长沙、株洲、湘潭等地，以长沙经开区、长沙高新区、湘潭经开区相对集中。湖南工程机械产业规模从2010年起连续保持全国第一。湖南轨道交通装备行业产值全国占比15.9%，是国内最大的轨道交通装备研发生产基地，电力机车产品占全球市场份额的20%。三一智能网联重卡项目计划实现30万台智联重卡、30万套驾驶室、60万套柴油机的年产能。*(表3-1，见附录)*

全省拥有1个国家级制造业创新中心、3个国家级工程技术中心、4个国家级企业技术中心、2个国际级重点实验室。湖南是国内唯一的中小航空发动机研制基地和飞机起降系统研制基地，中小航空发动机、飞机起落架系统、航空减速传动系统等3类技术产业规模和核心技术能力全国第一。2020年全省汽车

· 湖南湘西羊峰山风力发电机组

产量104万辆，居全国第16位。整车企业有长沙上汽大众、广汽菲克、广汽三菱、长丰集团、长沙比亚迪、湘潭吉利、株洲北汽、中车电动、北汽福田等，零部件企业有长沙博世、中信戴卡。电工电器行业产值全国占比3.3%，在输变电领域具备国内领先优势，在风电装备、太阳能光伏装备领域形成特色。重点企业有湘电集团、衡阳特变、三一新能源、中电48所、红太阳光电。汽车产业由小到大并向电动化、智能化转型。湖南形成了电池、电机、电控相对完整的新能源汽车产业链，在锂离子动力电池领域形成较强优势。

2. 食品

湖南食品工业规模居全国第9位。2020年，全省农副产品加工业企业1722个，营业收入3276.7亿元，利润总额155.1亿元；食品制造业企业570个，营业收入1322.0亿元，利润总额65.6亿元；酒、饮料和精制茶制造业企业565个，营业收入768.6亿元，利润49.0亿元；烟草制品业企业8个，营业收入986.7亿元，利润93.8亿元。全省基本形成了长沙粮油乳茶、岳阳粮油茶调味品、常德粮油水产品、益阳粮茶水产品、湘潭肉莲、邵阳酒果蔬糖、怀化粮油果蔬、永州酒油果蔬等重点产业集群，平江食品工业园、常德经开区、安化黑茶产业园快速发展。湖南茶业集团、道道全粮油成为湖南省百强企业，唐人神集团年销售收入突破150亿元，金健米业、澳优乳业、华文食品等行业龙头迅速壮大。

湖南食品工业以结构调整为主线，加快改造提升步伐，实施增品种、提品质、创品牌的"三品"战略，走上健康发展轨道。湖南茶业集团开发新产品60多款；唐人神集团设立上海（国际）食品研究院，大力研发新产品；湖南飘香食品的"浏乡"炒米已占全国80%的份额；克明挂面市场占有率居全国前三位。建设以食品安全为核心的诚信管理体系，52家重点食品企业通过工信部授权的诚信评价。酒鬼、湘窖等白酒品牌获重点推介。宁乡、邵东、浏阳获评工信部消费品工业"三品"战略示范城市。盐津子、湘佳股份等19家食品企业在港交所和A股主板成功上市。

3. 电子信息

湖南电子信息产业于2011年和2014年先后迈上千亿元和两千亿元台阶。湖南相继诞生了"天河""银河"系列超级计算机、"飞腾"系列芯片等世界级科技成果。2011年，蓝思科技成为湖南首家过百亿元电子信息企业。2014年中车时代电气建成国内首条、世界第二条8英寸IGBT生产线。湖南省发挥国防科大科技引领作用，推动飞腾、麒麟"回湘"，鲲鹏展翅星城，国科微、景嘉微加速壮大，构建了以飞腾、鲲鹏CPU和麒麟操作系统为核心的"两芯一生态"体系，湖南在信创工程方面成为全国6个"示范引领"省份之一。依托时代半导体等本土技术积累，大力引进和培育比亚迪半导体、三安光电、泰科天润等一批领军企业，形成长株潭整体联动优势。

湖南电子信息行业规模在全国居第14位。2020年，全省电子信息行业有规模以上企业968家，完成主营业务收入2898.2亿元，实现利润总额163.1

· 使用国科微主控的光威弈系列固态硬盘

亿元,以长沙、株洲、湘潭、衡阳、郴州相对集中。中车时代电气连续五年入围全国电子信息百强,衡阳富士康、蓝思科技引领省内电子产品出口。德赛电池储能电芯项目总投资 75 亿元,分三期建设成 20GWh 产能的储能电芯项目总部及研发中心、生产中心,全面达产后预计可实现年产值 320 亿元。

4. 冶金

2020 年湖南有 140 家规模以上冶金企业,生产生铁 2105.4 万吨、粗钢 2612.9 万吨、钢材 2720.7 万吨,主要分布在湘潭、娄底、衡阳、永州、怀化、湘西州等地。华菱集团进入全国钢铁行业前 8 名,高强钢、超薄耐磨钢、高压锅炉管、海工用管、第三代热成型汽车用钢 USIBOR 等成为拳头产品,造船与海洋工程用钢、桥梁用钢、工程机械用钢市场份额保持全国第一。湖南钢铁企业高起点推进产品结构调整优化,形成"线棒 + 钢管 + 薄板 + 宽厚板 + 中宽带"产品结构体系,高附加值产品钢占比不断提升,产品用于港珠澳大桥、北京大兴机场、国家会议中心、阿布扎比国际机场等标志性工程。

·湘钢焦化厂干熄焦车间二干熄焦班

・巴陵石化

5. 石化

湖南石化主要分布在岳阳、衡阳、长沙、怀化等地。岳阳是大型石化基地，锂系聚合物、己内酰胺产量全国第一。岳阳绿色化工产业园规模以上企业85家，园区产值突破1000亿元。巴陵石化是国内最大的SBS、环氧树脂、己内酰胺和环己酮生产基地。衡阳松木经济开发区是我国中部最大的盐卤及精细化工产区。湘江涂料是中国涂料十大制造商之一。

湖南充分发挥岳阳炼化优势和湖南盐（氟）资源优势，延伸产业链，一批重大项目建成投产，如岳阳炼化一体化项目、中石化催化剂云溪基地、中石化长岭炼化环氧丙烷项目、衡阳建滔化工20万吨烧碱和12万吨PVC项目。"十三五"期间，岳阳两家央企炼油产能由550万吨改造升级到1500万吨，长岭炼化1000万吨炼油达产。2021年，中石化决定在岳阳布局1500万吨炼油和150万吨乙烯一体化项目。

2018年开始推进危化品企业和沿江化工企业搬迁改造。岳阳绿色化工产业园建成石化合成新材料产业基地，聚集规模企业200多家。衡阳松木经开区、洪江经开区精细化工基地、铜官循环经济工业园、郴州氟化工产业园、常德德山经开区等得以快速发展。

6. 建材

湖南建材行业有规模企业2000余家，实现主营业务收入2726亿元，利润总额180亿元。全省有新型干法水泥生产企业53家，新型干法水泥熟料生产线71条，熟料年生产能力7564万吨。较大企业有南方水泥、海螺水泥、华新水泥、中材集团等。主要产品为水泥、平板玻璃、混凝土、工业陶瓷、新型墙材、防水材料等。湖南建材工业有效化解过剩产能，通过一系列兼并重组，中建材南方、海螺水泥两大企业占全省新型干法熟料产能的比例高达57%。2020年，五大水泥集团（中建材、海螺、华新、红狮、台泥）熟料产能占湖南总产能的八成，全省水泥产业集中度达91%，全行业效益处于历史最高水平。

· 矮寨大桥桥体钢筋结构

7. 医药

2020年全省有医药规模工业企业424家，营业收入1026.1亿元，利润总额92.8亿元。主要分布在长沙、岳阳、邵阳等地，以浏阳经开区、长沙高新区、常德经开区相对集中。

湖南医药工业取得显著进步，初具"湘药"特色和优势。九芝堂、方盛制药、正清制药、华纳大等一批中药现代化生产项目建成投产。九芝堂中药固体制剂智能工厂集成应用新模式获2017年工信部立项支持，邵东县引进海南海药集团，成立湖南廉桥医药有限公司。

生物医药科创基础厚实，现有国家级和省重点（工程）实验室、工程技术研究中心102个，企业技术中心45个，院士和博士后工作站37个，药物研究机构22个，国家临床医学研究中心3个，国家药物临床试验机构32个。已建立生命健康科创基地、中古生物技术联合创新中心。三诺生物2016年收购美国尼普洛诊断和PTS。圣湘生物完成88个产品的欧盟CE认证。

2020年，新冠肺炎疫情在全国暴发，湖南第一时间开发出新型冠状病毒2019-nCoV核酸检测试剂盒，经国家药监部门快批投放市场；立即响应和投入防疫抗疫，组织医药企业有序开展生产、转产及扩能，医用口罩、医用防护服、额温枪、呼吸机、消毒酒精、药品等医疗物资得到快速有效供应，为防疫抗疫工作做出了重大贡献。

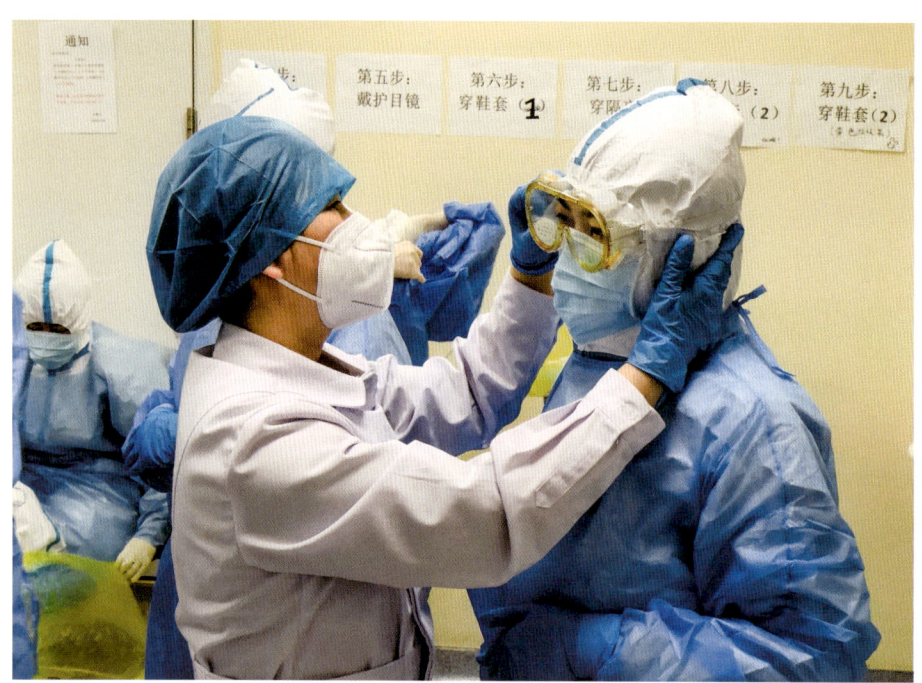

·中南大学湘雅医院心脏大血管外科 周建辉（左）在隔离病房内教学

·中南大学湘雅医院第三批援鄂国家医疗队出征

8. 纺织服装

2020年湖南规模以上纺织企业302家，营业收入637.0亿元，利润总额22.5亿元；纺织服装服饰业规模以上企业305家，营业收入327.9亿元，利润总额22.3亿元。全省规模以上工业企业生产化学纤维6.95万吨、纱102.6万吨、布1.31亿米、毛巾10.8亿条、服装13.3亿件。大型产业集群如株洲服装、益阳棉麻纺织、岳阳棉纺织、常德纺织，形成了株洲芦淞服饰、白关服饰创意、华容棉纺、宁乡服饰、蓝山毛衫、沅江服饰、炎陵纺织、醴陵船湾制服、汉寿蒋家嘴纺织等9个纺织工业基地。芦淞服饰市场现为我国中部规模最大的服装专业市场。梦洁家纺在中国家纺行业稳居第一。华升集团是国内最大的麻类纺织品及服装生产企业之一。

·传统手工艺织布机

page
075

Chapter IV

第四章
交通运输

概述

近十年来，湖南交通运输进入高速发展时期。2010—2020 年，湖南铁路营运里程由 3695 公里增加到 5646 公里，高速铁路由 606 公里猛增至 1997 公里，公路里程由 227998 公里增加到 241138 公里，高速公路通车里程由 2386 公里增加到 6951 公里。全省农村公路通车里程已经超过 20 万公里。到 2021 年底，湖南高铁总里程 2240 公里，高速公路总里程 7083 公里，普通国省干线公路 3.2 万公里，全省高速公路基本成网，高速铁路基本成环，张吉怀高铁开通运营。

铁路网络规模扩大。已建成京广、沪昆、洛湛、焦柳、湘桂、渝怀等国家干线铁路。

·长沙万家丽立交桥

京广、沪昆两大客运专线在长沙呈十字交叉，张吉怀高铁建成，渝厦高铁抓紧建设。湖南拥有长沙、株洲、衡阳、怀化四大铁路枢纽。

湖南水运形成以洞庭湖为中心，湘资沅澧高等级航道为骨架，岳阳港、长沙港为枢纽的现代化内河航运体系。2020年，全省航道通航里程达11968公里，其中等级航道4219公里，千吨级及以上航道1111公里，建成大源渡、株洲、土谷塘三个航电枢纽以及长沙综合枢纽。全省共有港口63个，千吨级以上泊位107个，岳阳港、长沙港发展为全国内河主要港口。2020年，全省港口货运量19844万吨。

全省现已形成以长沙黄花国际机场为中心，张家界、衡阳、常德、永州、怀化、邵阳、岳阳机场为支撑的机场体系，定期航班航线达360条。全省有长沙、张家界2个国际港，国际航线50条。长沙机场通航14个国家和地区的31个城市，每周运营188个定期客运航班，航班密度和覆盖区域居中部第1位。黄花国际机场开通了直飞洛杉矶、法兰克福、悉尼、莫斯科、伦敦、内罗毕等22个国家和地区的57条航线。

·城陵矶三江口——湖南湖北交界处,长江与洞庭湖交汇处

2020 年末，全省拥有邮电局所 2810 处，邮路长度 137141 公里，形成了航空、铁路、公路多种运输方式相结合，连接城乡、覆盖全国、通达全球的现代邮政网络。2020 年全省拥有移动电话基站 365.8 万个，"千兆光网城市，百兆光网乡村"建设大力推进，光纤网络覆盖全省。2020 年全省移动电话用户增加到 6719.4 万户，普及率达 95 部 / 百人。

交通枢纽布局不断完善。长沙火车南站—黄花国际机场实现空铁联运，长沙高铁西站以及怀化、邵阳、衡阳、岳阳等客运枢纽加快建设，长沙霞凝、岳阳城陵矶等货运枢纽站场陆续建成，长沙、衡阳、岳阳、郴州、怀化入选国家物流枢纽城市。

运输业加快发展。2020 年，全省货物周转量 2603.93 亿吨公里，其中铁路 856.4 亿吨公里、公路 1350.6 亿吨公里、水运 395.3 亿吨公里、航空 1.63 亿吨公里。公、铁、水、空等不同运输方式进一步融合，多式联运、甩挂运输等运输组织模式及冷链等专业物流快速发展，物流配送信息化程度明显提升，提高了物流运行效率。

加快五大国际物流通道和货运集结中心建设，重点构建 RCEP 国家区域航空中转枢纽，支持怀化、永州、邵阳融入西部陆海新通道，提升中欧班列货值和效益，拓展江海联运接力航线，推动湘粤非铁海联运通道提质上量。(表 4-1，见附录)

·湖南高铁

二 铁路

    高铁改变了人们的出行方式，也为沿途城市注入发展活力。2009 年 12 月 26 日，全长 1069 公里的武广高铁开通，成为湖南首条高速铁路。2014 年 9 月 16 日沪昆高铁南昌至长沙段、12 月 16 日长沙至新晃段开通运营，湖南段全线贯通。京广、沪昆两条高铁在长沙南站交会。2017 年，全球首列智能轨道快运列车在株洲上路运行。2018 年，设计时速 160 公里的国内首列商用磁浮 2.0 版列车在株洲下线。

    2014 年 12 月，长昆客运专线湖南段开通运营，设有长沙南站、湘潭北站、韶山南站、娄底南站、邵阳北站、新化南站、溆浦南站、怀化南站、芷江站、新晃西站。石长铁路复线于 2016 年 1 月全线开通，设计时速 160 公里，货运能力提高到 8800 万吨，极大缓解了北煤南运通道的瓶颈制约，年客运能力由 1000 万人提高到 5000 万人。怀邵衡铁路沟通沪昆、渝怀、枝柳、洛湛、衡柳、京广铁路，是连接西南、西北与东南沿海和珠三角的便捷通道，2018 年 12 月建成通车，长 318 公里，设计时速 200 公里。

    长株潭城际铁路承担城际客流，兼顾城市客流，为长株潭城市群提供快速、准时、便捷的交通服务。2017 年 12 月全线通车运营，全长 104.4 公里，设计时速 200 公里，全线设 24 个车站。

·怀化城东，沪昆高铁、怀邵衡铁路与怀化绕城高速在此交会

长沙地铁由 12 条线路组成，总长 456 公里，设车站 333 座，其中换乘站 45 座。目前，已运营 1 号线、2 号线、3 号线、4 号线、5 号线和磁浮快线，地铁客运量超越常规公交，长沙全面进入"地铁时代"。长沙磁浮快线连接长沙火车南站和长沙黄花国际机场，全长 18.55 公里，设计时速 100 公里，2016 年 5 月 6 日通车运营。它标志着中国磁浮技术实现商业运营。

中欧班列（长沙）已开通 10 余条班列线路，连通亚欧大陆 15 个国家，物流服务覆盖 30 个国家，形成了东中西 3 条通道齐发，连接欧洲、中亚、中东，辐射我国中、东、南部地区的新格局，国际运输服务能力水平大幅提升。2021 年，湖南中欧班列开行突破 1000 列，居全国第 5 位。

永清广高铁作为湖南对接粤港澳第二大通道，推进铁海联运，加开直达粤港澳的列车。常益长高铁为厦渝高铁的重要组成部分，与黔张常铁路贯通。其中常益段为呼南通道共线段，该项目从常德站引出，经汉寿、益阳到达长沙西站。正线线路全长 157.3 公里。全线设常德站、汉寿南站、益阳南站、宁乡西站、长沙西站共 5 个车站，时速 350 公里。

三 公路

　　湖南高速公路建设实现后发赶超。2010 年全省在建高速公路项目 49 个，里程 4064 公里，排名全国第一。"十二五"期间，湖南新增高速公路通车里程 3279 公里，目前基本形成"六纵六横"高速公路网。

　　2018 年起，省政府把"全省 25 户以及 100 人以上的自然村通水泥（沥青）路建设"纳入重点民生实事项目。目前，全省农村公路里程超过 20 万公里，实现 100% 乡镇和 99.97% 建制村通水泥（沥青）路，为全省乡村振兴提供了强劲支撑。

　　湖南高速坚持资源节约、环境友好，树立"不破坏就是最大保护"的绿色发展理念，

· 常德段高速公路立交桥

注重发挥生态环境特色，建成"绿色走廊"。路基建设方面，重点突破岩溶及采空路基填筑、红砂岩路基修筑、膨胀土地区公路修建技术。路面修筑领域，重点突破混凝土路面早期开裂防治、沥青路面再生利用、干线公路典型路面结构、路面快速修复等技术。生态防护与排水工程方面，重点突破高速公路边坡处治、土地资源保护、路域水环境保护等技术。桥梁科技方面，重点突破连续梁桥、斜拉桥、悬索桥、钢管混凝土拱桥等桥梁建造技术。

吉首矮寨大桥位于吉首矮寨镇，是吉茶高速关键性工程。矮寨大桥为钢桁加劲梁单跨悬索桥，两座索塔分别位于矮寨峡谷两侧悬崖上部山体上。主跨1176米，为跨峡谷悬索桥，首次采用塔、梁完全分离的结构设计方案。2012年3月31日大桥通车。

岳阳洞庭湖二桥是杭瑞高速临湘至岳阳段控制性工程，东起岳阳七里山，横跨洞庭湖，西至君山芦苇场，2018年2月正式通车。大桥全长2390米，为双塔双跨钢桁加劲梁悬索桥，桥面宽33.5米，双向六车道。

湖南拟依托"一核三区"即长株潭核心商业功能区以及环洞庭湖、大湘西、大湘南商业功能区，布局一批重点物流园区，建设一批重大物流设施，应用一批重要物流技术，培育一批重点物流企业，加快推进流通产业发展。全省现有长沙金霞、岳阳城陵矶、长沙空港、株洲石峰、湘潭九华、怀化鹤城、衡阳白沙、郴州湘南国际、娄底湘中国际等省级物流园区。多式联运、甩挂运输等运输模式及冷链等专业物流快速发展，城乡物流配送信息化程度明显提升。

目前正在推进京港澳高速、沪昆高速湖南段"四改八扩容"改造。

· 矮寨大桥

· 蒙华洞庭湖大桥

四 水运

　　湖南水系发达，长度 5 公里以上的河流共 5341 条，总长 85690 公里。这些河流，除小部分属珠江、鄱阳湖水系外，皆汇入洞庭湖，形成以洞庭湖为枢纽，通江达海的航运网络。

　　长沙综合枢纽工程的建成，使长株潭成为全国特有的库区城市群。2019 年 9 月，衡阳大源渡航电枢纽二线船闸建成通航，湘江衡阳蒸水河口至岳阳城陵矶 435 公里航段由 1000 吨级三级航道提升至 2000 吨级二级航道，2000 吨级货轮可直达衡阳。

　　2020 年全省内河航道总里程 11968 公里，居全国第三位，千吨级及以上航道 1111 公里；吞吐量 200 万吨以上港口 15 个，千吨级以上码头泊位 107 个，最大靠泊能力 5000 吨，长沙港和岳阳港为全国内河主枢纽港，城陵矶港集装箱吞吐量突破 50 万标箱。湖南抓紧推进长沙至岳阳段湘江 3000 吨航道改扩建工程，推进新港片区公铁水联运，加快铜官港二期、新港三期建设，推动长岳水运协同发展。

　　2020 年全省拥有各类营业性机动船 4312 艘，净载重量 432.5 万吨，水运货运量 19844 万吨，水运周转量 395.3 亿吨公里。

·复苏的城市——桥、江、船、车

五
民航

2014年12月，衡阳南岳机场通航。2016年，黄花国际机场成为我国中部首家年旅客吞吐量超2000万人次的机场。2017年6月，邵阳武冈机场通航。2018年12月，岳阳三荷机场通航。同年黄花国际机场跻身全球旅客吞吐量百强机场行列。

黄花国际机场位于长沙县黄花镇，为4F级民用机场。2011年7月，面积21.2万平方米的T2航站楼正式投入使用。2017年3月，长3800米、宽60米的第二跑道投入运营。2020年，完成旅客吞吐量1922.4万人次，货邮吞吐量7.54万吨，有始发航线118条，直飞航线88条。

·黄花国际机场

张家界荷花国际机场是武陵山区唯一的国际航空口岸,飞行区等级为 4D。跑道长 2600 米、宽 60 米,可供 250 座以下飞机起降,航站楼面积 3465 平方米。2015 年 9 月 30 日,机场 T2 航站楼启用,可满足年旅客吞吐量 500 万人次、货邮吞吐量 1.9 万吨需求。张家界荷花国际机场现开通航线 48 条,通航内地城市 55 个、境外城市 25 个。

常德桃花源机场位于常德市斗姆湖镇,距市区 12.2 公里。2015 年 11 月完成扩建工程,飞行区等级升为 4D。2018 年,辟有至北京、上海、广州、深圳、昆明、海口、武汉、重庆等国内航线。

永州零陵机场位于永州市岚角山镇,飞行区等级为 4C。机场跑道长 2600 米、宽 50 米,可满足年旅客吞吐量 40 万人次、货邮吞吐量 1200 吨的需求。辟有至北京、广州、深圳、长沙、昆明、海口等国内航线。

· 张家界荷花国际机场

怀化芷江机场位于芷江城东，飞行区等级为 4C。该机场为美国"飞虎队"支援中国抗战的重要基地，因中日双方在此举行"洽降会议"而举世瞩目。辟有多条国内航线。

衡阳南岳机场位于衡南县，距市区 24 公里，飞行区等级为 4C。2012 年 8 月开工建设，2014 年 12 月正式通航。机场航线 16 条，覆盖国内 23 个省会和重要旅游城市。

邵阳武冈机场位于武冈市头堂乡，飞行区等级为 4C，属于国家武陵山片区发展与扶贫攻坚项目，2017 年 6 月 28 日正式通航。辟有至北京、郑州、长沙、海口、昆明、杭州、重庆、兰州、深圳等航线。

·*邵阳武冈机场通航*

岳阳三荷机场位于岳阳经开区西塘镇，飞行区等级为 4C，跑道长 2600 米、宽 45 米，航站楼面积 6000 平方米，辟有多条国内航线，2018 年 12 月 26 日通航。

湖南在建的以长沙为中心的四小时航空经济圈，覆盖了全国和东亚、东南亚、南亚大部分区域。推进黄花国际机场东扩二期工程建设，主要是 T3 航站楼、综合交通中心、第三跑道和附属配套设施。积极引进基地航空公司，培育发展本土航空公司，进一步拓展湖南对接全国、连通世界的空中通道。加速推进临空经济示范区、跨境电商综试区、黄花综保区等建设，大力发展临空产业。

第五章 教育

Chapter V

一
概述

　　经过多年不懈努力，湖南教育体系逐步完善，各类教育的数量规模、层次结构、专业结构、学科结构和地域分布基本合理，与湖南经济社会发展大体适应。湖南教育的管理体制、运行机制和实践模式，逐步实现了政府职能由"大政府、小社会"向"小政府、大社会、大服务"的转变。

· 岳麓书院是中国历史上赫赫有名的四大书院之一，历经千年而弦歌不断，学脉不绝。1903年，岳麓书院与湖南省城大学堂合并为湖南高等学堂（今湖南大学）

推进学前教育优质普惠、义务教育优质均衡和城乡一体化发展，增加公办义务教育学位，推进乡镇标准化寄宿制学校建设，促进县域普通高中发展提升。推进高校新一轮"双一流"建设和职业教育产教融合。加强和改进德育、体育、美育、劳动教育，关爱师生心理健康。加强师德师风建设。

基础教育方面，落实省市县政府分级负责、分级管理、以县为主的体制，强化市州对高中教育的责任和管理权限，实现了属地管理。高等教育统筹推进"双一流""双高"建设，本科院校落实以省为主、省市共建共管，高职高专落实以市为主、省市共建共管。人事管理方面，大力推进义务教育校长和教师轮岗交流试点，实施中小学教师资格考试和注册制度改革，在全国率先下放普通高校职称评审权。招生考试方面，制定了改革总体方案、高考综合改革方案以及高中学业水平考试、学生综合素质评价等配套文件，新高考从2018级高一新生开始实施。督导评估方面，在全国率先实行县级政府职业教育工作督导评估，率先实施"在线督导"与"现场督导"相结合的督学新模式。（表5-1，见附录）

2019年，全省已有107个县市区通过县域义务教育发展基本均衡县评估认定，让每个孩子都能"上好学""学有优教"正在三湘大地逐步成为现实。

全省办学实现了由收费向免费、由"人民教育人民办"向"人民教育政府办"的转变。2020年，全省一般公共预算教育支出1348.9亿元。湖南初步建成具有湖湘特色的现代职业教育体系。近些年来，湖南又把教育信息化摆在突出位置。

全省民办教育已覆盖整个国民教育体系，形成了一个多层次、多形式、多规格、门类齐全、灵活多样的办学新体制，撑起了湖南教育向现代化迈进的另一片蓝天。

· 雅礼中学午间操

二 基础教育

近十年湖南幼儿教育发展很快，省幼儿园数和在园幼儿数持续增加，普惠性幼儿园全面进入健康发展轨道。湖南幼师的整体素质有了显著提升，2020 年专任教师学历合格率达到 98.5%，学前教育毛入园率达 84.5%。2020 年湖南省有幼儿园 16285 所，在园幼儿数 231.39 万，专任教师数 12.21 万。幼儿园遍布三湘大地，基本解决了"入园难"问题，正大步向"普惠性"幼儿教育迈进。

湖南基础教育稳步发展。九年义务教育全面普及，教学质量稳步提高，校园建设得到各级政府的空前重视。全省各级政府投入巨资，修建了大量高品质的学校。2010 年湖南普通小学在校学生 479.2 万，2020 年则增加到 501.8 万。2010 年湖南普通中学在校学生 316.8 万，2020 年则增加到 357.0 万。湖南高中教育稳健发展，高中阶段毛入学率稳步提升，全省基本普及高中阶段教育。越来越多的名校在全国产生了广泛影响，比如长沙的长郡、雅礼、师大附中和长沙市一中。

大湘西地区的基础教育获得了长足发展。一是基础教育质量不断提升，为经济社会发展培养了高水平的学以致用的人才。二是教育基础设施得到很大改善，教学装备水平有了空前的提高。三是师资队伍素质有了显著的改善，陆续吸引了越来越多的高水平人才。四是教育投入有了大幅度的增加，并得到社会各界的支持和关爱。

· 长沙市第一中学——下课了

三
高等教育

2017年9月21日，国家公布世界一流大学和一流学科建设高校及建设学科名单，湖南4所高校上榜，其中中南大学、国防科技大学、湖南大学入选"一流大学"建设计划，中南大学、湖南大学、国防科技大学、湖南师范大学的12个学科入选"一流学科"建设计划。2018年9月19日，教育部与省政府在长沙签署《重点共建"双一流"建设高校协议》，决定共建中南大学、湖南大学和湖南师范大学等3所在湘一流大学和一流学科建设高校。2020年湖南有普通高校114所，有国防科技大学、中南大学、湖南大学、湖南师范大学、湘潭大学等著名大学。2020年全省高校本科生毕业人数为17.52万人。

国防科技大学是直属中央军委的综合性大学。设有八大学科门类46个本科专业，有17个博士后科研流动站，25个一级学科博士点，33个一级学科硕士点，拥有5个一级学科国家重点学科，有两院院士29人。学校建有3个国家重点实验室、7个国防科技重点实验室。学校取得了以"天河"系列超级计算机系统、"北斗"卫星导航定位系统关键技术、"天拓"系列微纳卫星、激光陀螺、超精加工、磁浮列车等为代表的一大批自主创新成果。

中南大学是教育部直属的全国重点大学，入选国家"世界一流大学建设高校A类""985工程""211工程"，由原湖南医科大学、长沙铁道学院与中南工业大学于2000年4月合并组建而成。设30个二级学院，106个本科专业。有院士16人。有一级博士学科35个，一级硕士学科46个，博士后流动站32个。

- 中南大学
- 国防科技大学
- 湖南大学
- 湖南师范大学
- 第一师范图书馆
- 湘潭大学

湖南大学是教育部直属的全国重点综合性大学，是国家"211工程""985工程"建设高校，素有"千年学府"之称。学校有教职工4000人，其中专任教师2020人，院士11人。拥有国家重点实验室2个、国家工程技术研究中心2个、国家工程实验室1个，并建设有国家级大学科技园。

湖南师范大学是国家"211工程"重点建设大学、首批国家"双一流"世界一流学科建设高校。学校有7个校区，设24个学院，本科专业87个；拥有20个博士后科研流动站，21个博士学位授权一级学科，34个硕士学位授权一级学科。学校有专任教师约2020人，在校学生4万余人，其中研究生1万余人。

湘潭大学是全国综合性重点大学，是湖南省与教育部、国家国防科技工业局共建高校。学校学科覆盖9大门类，有专任教师1488人，其中中国工程院院士4人。近五年来，学校国家级项目立项成绩突出，其中国家社科基金项目立项数居全国高校前30名左右，SCI、EI论文发表数连续5年位居湖南省属高校第一。

湖南第一师范学院是湖湘文化的发祥地之一和中国现代师范教育的摇篮，更是毛泽东思想的萌芽地。中国现代许多著名人物，如毛泽东、何叔衡、蔡和森、任弼时、徐特立、谢觉哉、李达、毛泽民、田汉等，都曾在学校学习或工作过。现有本科在校学生16000余人，是全国最大规模的小学教师培养高校。

·湖南师范大学桃子湖

四
职业教育

　　湖南职业教育具有起点低、发展快、特色强的特征，在发展过程中注重内涵提升与特色发展。一是组建职教集团，走产教融合、校企合作之路。全省现有 42 个职教集团，加盟企业达 1890 家。二是建立专业技能抽查制度。省教育厅制定专业技能抽查标准，建立技能抽查制度。三是积极推进信息化教学。依托个人"学习空间"建立"云服务"平台，积极探索以"空间教学"为核心的职教新模式。四是实施省级重点项目建设。湖南相继建立了一批旨在提高职业教育质量的示范职业院校、示范特色专业群、特色专业和卓越职业院校。2017 年起，湖南启动一流高职院校和一流专业群"双一流"建设，探索独具湖湘特色的职业教育标准化发展之路。

·大学城（航拍视角）

五
终身教育

2010年以来，湖南重视推进终身教育，加强学习型社会建设，对指导思想、目标任务和政策措施予以明确定位。近十年来，湖南建成省级示范性社区教育实验区16个，包括4个全国社区教育示范区、8个全国社区教育实验区；立项全国"城乡社区教育特色学校"15家。到2018年，湖南相继建成了77个省级示范性县级职教中心、100所省级示范性乡镇农校、市州社区大学13所、县市区社区学院41所、乡镇社区学校642所、村（社区）学习中心2280所。湖南现有老年大学177所、老年学校1034所、老年教育学习体验基地20个，为全民终身学习打下了坚实基础。

湖南开放大学是一所运用现代教育技术手段进行远程教学，以职业人为主要培养对象的开放高等学校，由省教育厅主办主管，业务上接受国家开放大学指导。开建全省终身教育学习公共服务平台——"湖湘学习广场"，让手机上网用户通过联网获取知识、接受教育，即通过手机上网读电大。累计为社会各界输送本专科毕业生50余万人，中专毕业生10余万人，非学历培训200多万人次。

六
信息化建设

湖南抓住信息技术发展机遇，聚焦教育事业发展需求，把教育信息化摆在教育改革发展的突出位置，初步打造了教育信息化建设的"湖南模式"。湖南印发《湖南省教育信息化"十三五"规划（2016—2020年）》、教育信息化三年行动计划、"互联网+教育"行动计划等30余个规范性文件，明确发展目标、主要任务和政策措施。

全面实施"三通"（宽带网络校校通、优质资源班班通、网络学习空间人人通）工程、"教学点数字教育资源全覆盖"项目、"三个课堂"（名师课堂、名校课堂、专递课堂）建设、"教育信息化创新应用十百千万工程"等，探索"试点探索、典型引路、挖掘经验、面上推广、形成模式再推广"的教育信息化新路径。

湖南扎实推进教育信息化工作,有力促进了全省教育优质均衡发展。2018年9月14日,湖南正式获批全国首个"国家教育信息化2.0试点省",标志着湖南教育信息化建设正式迈入加速发展新阶段。省政府印发《湖南省"互联网+教育"行动计划(2019—2022年)》,集中力量实施"互联网+"教育应用基础全覆盖工程等五大工程,推动互联网与教育教学深度融合。2020年,湖南中小学校配备多媒体教室近16万间,50万中小学教师应用网络空间开展教学教研。建立中小学网络名师工作室85个,成员4万人,晒课数量近百万节。

七 乡村教师队伍建设

湖南乡村教师队伍建设为乡村培养了大批"定制化"优秀教师,使之成为乡村中小学教师队伍的生力军,有效解决了让乡村教师"进得来""留得住""用得好"的问题,全面改善了乡村教师队伍薄弱的状况。

乡村教师队伍建设的"湖南经验"集中体现在四个方面。一是在全国率先启动农村教师公费定向培养计划。十年来,湖南初步建立地方公费定向师范生培养体系,基本形成农村中小学、幼儿园及特殊教育教师培养的"湖南模式"。二是在全国率先实施乡村教师人才津贴制度。2013年,湖南对武陵山片区43个集中连片贫困县乡村教师增设"片区农村基层教卫人才津贴"。2016年,农村教师人才津贴覆盖全省所有贫困县。三是在全国率先把"加强教师队伍建设"纳入"两项督导评估"。湖南在全国率先推出县级政府教育工作督导评估、县级党政领导教育工作实绩督导考核。四是实施"农村义务教育阶段学校教师特设岗位计划"。全省在 75 个设岗县市区，为农村中小学招聘特岗教师 6.6 万人。

·湖南大学老图书馆

page 113

第六章
区域发展

Chapter VI

一
概述

湖南明确提出，要紧紧抓住产业梯度转移、空间梯度开发、开发梯度推进和国家实施三大战略等重大机遇，发挥过渡带优势集聚资源要素，发挥接合部优势扩大对外开放，提高经济整体素质和竞争力，加快形成结构合理、方式优化、区域协调、城乡一体的发展新格局。

湖南充分发挥高铁、高速公路的连通功能，积极对接国家一级开发轴线，主要是京广线、长江和海岸带。以长株潭为中心，以岳阳为湘北门户，以郴州为湘南门户，以怀化为湘西核心，形成以京广线为纵轴、沪昆线为横轴的空间开发格局。湖南现划分为四大经济板块，即长株潭、大湘西、湘南、洞庭湖区。以此为基础，构建四大城市群，即长株潭城市群、湘北城市群、湘南城市群和大湘西城市带，辐射带动所在地区以及周边区域。湖南加紧把长沙市建设成国家中心城市，加速推进长株潭一体化建设。

　　湖南实施强省会战略，引领带动长株潭都市圈发展，高标准建设长株潭绿心中央公园等标志性工程。加快建设湘江西岸科创走廊和东岸先进制造业走廊。深入推进沿京广、沪昆、渝长厦通道的三大经济带建设。推动洞庭湖建设秀美富饶的大湖经济区。增强湘南、湘西地区综合承载能力，推动湘南建设中西部地区内陆开放合作示范区、大湘西建设脱贫地区高质量发展先行区，促进张吉怀高铁沿线文旅融合发展。

·长沙城区远眺

二
长株潭城市群

　　长沙、株洲、湘潭三市沿湘江分布，土地面积 2.8 万平方公里，2020 年常住人口 1668.9 万，地区生产总值 17591.5 亿元，经济总量占湖南的 41.7%。长株潭长期作为湖南的社会、经济、文化、教育和科技中心，现已形成以机械、电子、冶金、轻纺、食品、化工、制药、印刷为支柱的综合工业体系。教育科技实力雄厚，拥有 60 多所高等院校和为数众多的科研机构，是我国重要的智力资源密集区。

　　长株潭地处湘中偏东，连南接北，承东启西，是我国南方重要的"十字路口"。长株潭现有京广、浙赣、湘黔、石长等铁路交会，又有京珠、上瑞、长常等高速公路和 106、107、319、320 等国道经过，湘江和洞庭湖水运较为发达，水运内联湘资沅澧，外达长江。黄花国际机场系我国中部重要的航空港。京广高铁、沪昆高铁和在建的厦渝高铁在长沙交会。

　　长株潭集聚了全省 70% 以上的科研机构、70% 以上的创业创新平台、60% 以上的高新技术企业，实现了全省 60% 以上的高新技术产业增加值。长株潭成为我国科技创新资源的聚集区、我国重要的创新创业中心。长沙的工程机械和汽车，株洲的轨道交通装备和航空装备，湘潭的电工机械和黑色冶金，皆形成较大规模。2014年12月，国家批准设立长株潭国家自主创新示范区。它依托长沙、株洲、湘潭等三个国家高新技术产业开发区建设，总面积37.6平方公里。长株潭高科技产业得到快速发展，科技创新能力显著增强。

长株潭作为多中心城乡复合生态系统，统一规划，统筹建设，共同保护，综合治理。三市建成区沿湘江依序展布，形成"一江两岸三城多组团绿心式"空间结构。"一江"是指湘江，"两岸"是指湘江两岸建成区，"三城"是指三市中心城区，"多组团"是指区域内的城镇集群或工业园区，"绿心"是指三市接合部。三市之间构建高效率的通勤联系方式，既充分发挥大城市的集聚优势，又卓有成效地克服"城市病"。

长株潭生态绿心区位于三市接合部，总面积522.9平方公里，以昭山为中心，涉及三市18个乡镇。绿心生态环境基底良好，作为"生态文明样板区、湖湘文化展示区、两型社会创新窗口、城乡统筹试验平台"，为城市群提供生态安全屏障。

·华灯初上的长沙城

1. 长沙市

是湖南省会，全省政治、经济、文化、科教和商贸中心。土地面积 **11819** 平方公里。2020 年末人口 **1006.1** 万，城市化率 **82.6%**，完成地区生产总值 **12142.5** 亿元，人均生产总值 **123297** 元。

近些年来，长沙经济社会发展取得了令人瞩目的成就，城市规模迅速扩大，综合实力显著增强，工程机械、文化产业已在全国产生重大影响。长沙已形成新材料、工程机械、食品、电子信息四大千亿产业集群。长沙是全国重要的先进制造基地和综合交通枢纽，还是具有国际影响的科技创新、文化创意和湖湘文化旅游胜地。

长沙现有 5 个国家级开发区。长沙高新区以先进制造、工程机械、新材料、新能源、电子信息、生物医药为重点。长沙经开区以工程机械、汽车及零部件、新材料、电子信息、食品、轻印包装为重点。浏阳经开区以电子信息、生物医药、环保节能为重点。望城经开区以航空航天、先进制造、食品医药、有色加工、商贸物流为重点。宁乡经开区以工程机械、新材料、食品为重点。

湘江新区规划面积 1200 平方公里，包括岳麓区、望城区 8 个街镇、宁乡市 5 个街镇。新区拥有 3 个国家级园区和 2 个省级园区，拥有岳麓山、洋湖湿地、金洲湖等生态景观资源。湘江新区坚持集群化、高端化、高新化发展，重点培育电子信息、装备制造、新材料、新能源、节能环保、生物医药、现代服务等七大主导产业。

长沙是国家交通枢纽，京广高铁纵贯南北，沪昆铁路横穿东西，在建的渝厦高铁连通长沙西站。长沙现有长沙南站、黄花国际机场两个国家级枢纽。13条地铁的修建，大幅度提高了长沙的通勤能力，将平面交通升级为立体交通。长株潭城际铁路、磁浮线、众多湘江过江通道以及外环线的修建，明显加强了城市的内外联系。长沙黄花国际机场距离市区22公里，现为湖南乃至中部主要的航空港。长沙港通江入海，是长株潭乃至湖南省重要的商贸港。长沙地铁1、2、3、4、5、6号线全面运营。

长沙成功创建国家公交都市示范城市。城市规模不断扩大，新一代信息通信技术得到广泛应用，智慧长沙建设取得明显进步。生态环境状况显著改善，节能减排工作取得明显成效，湘江水环境整治取得重大进展。

沿袭"西文东市"的城市布局框架，构筑"一主两副双轴"的空间结构。"一主"是指长沙主城区，"两副"是指宁乡城区和浏阳城区，"双轴"是指湘江生态轴和宁长浏城市发展轴。湘江以西部分为"创新侧"，依托大学、研究所、国家级开发区、工业园区，将其作为湖南创新创业的引擎。湘江以东部分为"提升侧"，重点改造老城区，建设好"高铁站—国际会展中心—飞机场"新兴产业走廊。近年来，长沙抓紧创建国家中心城市，加快构筑"双引擎、双高地"发展格局，重点加强六大重点片区的发展，即岳麓山国家大学科技城、马栏山视频文创产业园、临空经济示范区、高铁会展新城、南部片区、湖南金融中心。

2. 株洲市

位于湘东偏北,湘江下游。土地面积 11262 平方公里。2020 年末人口 390.3 万,城市化率 71.3%。同年完成地区生产总值 3105.8 亿元,人均生产总值 79599 元。著名景点有炎帝陵、桃源洞、云阳山、酒埠江等。

近些年来,株洲全面推进产业转型升级,关停了近 200 家高污染、高能耗的企业,压缩了煤炭、水泥、有色、化工等传统产能,提升了服饰、陶瓷等传统产业。清水塘重化工业企业实行整体搬迁。株洲·中国动力谷成为亮丽的新名片。株洲被誉为"中国电力机车的摇篮",形成了以冶金、机械、化工、新材料、生物医药、绿色食品、陶瓷为支柱,以制造业为主体,以高科技为先导的工业体系。轨道交通装备制造业年产值突破千亿元,航空装备、汽车制造、新能源等产业也取得了骄人业绩。株洲是我国南方重要的铁路枢纽,京广、浙赣、湘黔三大铁路干线在此交会,株洲北站是全国重要的铁路编组站。

城市格局不断优化,城区向东向南拓展,发展骨架逐步拉开。基础设施日趋完善,初步形成高效能的交通运输网络。湘江株洲段、洣水、渌水水质保持国家三类标准;城市生活污水处理率 91.0%,全市森林覆盖率 61.8%。株洲作为战略性新兴产业基地,田心片侧重轨道交通,董家塅片侧重航空航天,高新区侧重生物医药、新材料和汽车制造,渌口片侧重汽车零部件,共同创建中国动力谷。株洲县撤销,改设渌口区,作为株洲市新城区。

·株洲城市风光

3. 湘潭市

位于湘中偏东,地形以平原、丘陵为主。土地面积 5006 平方公里。2020 年末人口 272.6 万,城市化率 64.6%。同年完成地区生产总值 2343.2 亿元,人均生产总值 85911 元。

城区面积从 2010 年的 73 平方公里扩大到目前的 110 平方公里。河东城区功能日臻完善,河西旧城改造有序推进,九华新城初具规模,昭岳、天易等新城区相继崛起。科技创新资源丰富,拥有湘潭大学、湖南科技大学、湖南工程学院等高等院校。

湘潭是湘湖文化重要的发源地之一,涌现出毛泽东、彭德怀、陈赓、齐白石、曾国藩等著名人物。全市有 110 多处重点旅游资源,形成以韶山、彭德怀纪念馆为代表的红色旅游板块,以水府庙、农博园、昭山为代表的绿色山水游板块,以齐白石纪念馆为代表的历史文化旅游板块。韶山为国家 5A 级旅游景区,正在打造享誉世界的红色旅游中心城市。

·千里湘江第一湾——湘潭钢城

　　湘潭产业基础较好,支柱产业有冶金、机电、化工、汽车、农产品加工和旅游。湘潭高新区、湘潭经开区为国家级开发区,电机制造、风力发电、新材料和一部分军工产品在全国占据领先位置。湘潭重点发展智能制造,突出新能源、海工、矿山、工业机器人等四大智能装备制造领域,推动制造业数字化、绿色化、智能化发展。雨湖区为国家新型工业化军民结合产业示范基地。湘电、湘钢、电化等传统企业加快升级。"海牛"深海钻机等技术跻身世界一流。

三
洞庭湖区

位于长江中游,湖南北部,包括岳阳、益阳、常德三市。比较优势包括以下方面。一是农业生产优势。洞庭湖区土地肥沃,水网纵横,盛产稻米、生猪、水产、茶叶、湘莲、芦苇、苎麻等,是国家重要的商品农业基地。二是经济区位优势。洞庭湖区位于长株潭、大武汉、鄱阳湖生态经济区之间,铁路、公路、水运发达,是湖南对接长江的前沿地带。三是发展基础优势。洞庭湖区具备较好的经济基础,岳阳、常德综合实力长期居湖南第2、3位,石化、火电、造纸、卷烟、农产品加工形成较大产业规模。四是旅游资源优势。洞庭湖区自然、人文旅游资源都很丰富,景区景点之间联系较为密切,加之交通便利,具备很大开发潜力。

以京广线、石长线、长岳高速为发展轴,发展多式联运,形成以湖区中心城市为枢纽,以环湖公路为纽带的综合交通运输网络。抓紧修建长沙—益阳—常德高铁线路。推动澧县、津市融合建设津澧新城。重点发展粮食、水产品,鼓励发展水禽、蔬菜、双低油菜,适度发展生猪、草食动物、棉麻丝、园艺作物、休闲农业,构建湖区现代农业体系。打造集生态观光、休闲度假、文化体验于一体的国内外知名湖泊型旅游胜地。着力推进水环境综合治理,加快建设高标准农田和现代农业基地。

·夕阳余晖下的洞庭湖

　　重点保护东洞庭湖、南洞庭湖、西洞庭湖三大国际生态湿地，以及湘、资、沅、澧四水尾闾，推进山河库湖整体保护。对重化工业进行总量控制，重点推进滨水型生态经济建设。

高效率的交通运输网络逐渐形成。黔江—张家界—常德铁路、长沙—益阳—常德高铁、浩吉铁路现已建成，长常高速复线正抓紧建设。常德桃花源机场扩建为 4C 级机场。岳阳三荷机场为黄花国际机场、天河机场的支线机场。

推进澧县、津市融城发展，培育洞庭湖区北部增长极。对益阳城区进行扩容提质，推进赫山、资阳、桃江、沅江一体化发展。推进常德城区与桃源县城融合发展。

构建洞庭湖区现代工业体系，大力发展农产品深加工、装备制造、生物医药、石油化工、电子信息、劳动密集型加工等产业。岳阳为石化基地和全省口岸，常德为卷烟和食品工业基地，益阳为长株潭高新产业拓展区。

洞庭湖区是国家重要的商品粮棉油、畜禽、水产品生产基地。确保大宗农产品稳定供给，加速构建洞庭湖区现代农业产业体系，重点推进田园化、集约化、机械化、信息化，把洞庭湖区建设成全国现代农业示范基地。

构建洞庭湖大旅游圈，将岳阳、益阳、常德培育成重要的旅游目的地，将岳阳楼—君山、张谷英村、幕阜山、汨罗江、赤山岛、桃花江、茶马古道、桃花源、夹山寺、城头山、嘉山、常德诗墙、柳叶湖等培育成高品质的特色旅游地。

1. 岳阳市

位于湖南东北部，地势东高西低，属亚热带季风湿润气候。土地面积15020平方公里，2020年末人口504.8万，城市化率60.7%。同年完成地区生产总值4001.6亿元，人均生产总值78867元。

古称巴陵，有2500多年历史，是湘楚文化重要发源地。岳阳楼—君山岛为国家5A级景区，张谷英村被誉为"民间故宫"，平江石牛寨景区异军突起。岳阳抓紧构建岳阳大旅游圈，推进长江—洞庭湖观光旅游、岳阳楼—君山文化旅游和洞庭湖湿地生态旅游。

岳阳是长江中游重要的工业基地，石化、电力、造纸等传统产业加快发展，装备制造、生物医药、电子信息、节能环保等新兴产业持续壮大，现已形成石化、食品加工两大千亿产业集群。岳阳经济技术开发区为国家级开发区，汨罗再生资源产业园为国家级循环经济产业园，岳阳绿色化工产业园是国家首批低碳工业试点园区之一。

岳阳拥有163公里长江岸线，其中深水岸线58公里，是湖南唯一的长江口岸城市。城陵矶新港区为湖南唯一的长江商港，拥有综合保税区、启运港退税政策试点港和粮食、肉类、整车、固废四个进口口岸，开通至上海洋山港和港澳的直达航线，以及至东盟的接力航线。

　　岳阳重点建设智能制造、电子信息、生物医药、新材料、节能环保、文化创意等领域。以长岭炼化、巴陵石化为龙头，打造具有核心竞争力的国家级石化产业基地。城陵矶新港区以航运物流、装备制造、粮油加工、北斗卫星应用为重点，着力打造临港型增长极。

　　岳阳全面推进黑臭水体整治工作，工业园区污水集中处置。东洞庭湖湿地每年冬春有 200 多种鸟类在此越冬。如今的岳阳，长江烟波浩渺，洞庭湖一碧万顷，展现出"水清、岸绿、滩净、景美"的美丽画卷。

2. 益阳市

位于洞庭湖南岸。土地面积 12144 平方公里。2020 年末人口 385.0 万，城市化率 50.4%。同年完成地区生产总值 1853.5 亿元，人均生产总值 47784 元。

益阳滨湖平原土质肥沃，是重要的粮、棉、麻、油生产基地，苎麻产量居全国首位。益阳推广稻虾、稻鱼、稻蟹等生态种养模式，拥有安化黑茶、桃江笋竹、兰溪大米、沅江芦笋、南县小龙虾、大通湖蟹等优质农产品。安化黑茶成为湖南重要的农产品品牌，"万里茶道"成为黄金旅游线路。

益阳抓紧培育食品加工、装备制造、新能源、电子信息等产业集群，推动新材料、生物医药、节能环保、大数据产业做大做强，电子商务、现代物流、文化旅游、健康养老等服务业也取得了良好业绩。

益阳为南洞庭湖中心城市、长株潭都市区副中心城市，东部新区纳入城市总规，构筑"一轴三带"（串联主城区和益阳东部新区的城镇发展轴和资江风光带、西部山林风光带、东部农田风光带）、"一城一区"（主城区和益阳东部新区）的哑铃状双城空间结构。培育壮大中心城区，积极融入长株潭城市群和湘江新区。

交通运输显著改善。益阳绕城高速，益阳至常德、长沙、娄底、张家界、

· 益阳市桃江县桃花湖

邵阳等地的高速公路，华容—益阳—娄底、常德—安化—衡阳、渝厦、常岳九等铁路抓紧建设。水运以"一纵两横"为重点，"一纵"即澧湘航线甘溪港至沅江，"两横"即常德至原鲇鱼口千吨级航道和资水航道。

著名景点有桃花江、桃江竹海、茶马古道等。南洞庭湿地旅游区、梅山文化—黑茶故里旅游区、桃花江—竹海旅游区为特色旅游基地。益阳作为湘中北商贸物流中心，推进金汇、益阳现代、清水潭码头、湘鄂边农产品等物流项目的建设。

·常德柳叶湖

3. 常德市

位于湘西北，地处洞庭湖区与武陵山区接合部。土地面积18190平方公里。2020年末人口527.6万，城市化率56.2%。2020年地区生产总值3749.13亿元，人均生产总值70500元。

常德是湖南的农业大市，良好的气候条件和优越的水土资源，造就了江南著名的"粮仓、酒市、烟都、纺城、茶乡"。这里大量养殖河蟹、甲鱼和多种名贵鱼类，是我国优质珍珠主产地。常德是湘西北工业重镇，形成了以食品、纺织、机电、化工、建材为支柱的工业体系。这里是湖南最大的卷烟生产基地，也是重要的工程机械、食品生产基地。常德经济技术开发区为国家级经济技术开发区。

常德是一座山明湖秀的滨水城市，全市森林覆盖率48.0%，有壶瓶山、西洞庭、乌云界国家级自然保护区。桃花源以《桃花源记》蜚声中外，柳叶湖为城市湿地公园，常德诗墙被载入吉尼斯世界纪录。壶瓶山位于常德市石门县境，主峰海拔2098.7米，被称为"湖南屋脊"。常德是国家海绵城市建设试点，推进"城市双修"，加强柳叶湖景区保护，先后荣获全国文明城市、国家卫生城市、国家园林城市、国际花园城市等称号。

常德现为湘西北交通枢纽，有石长铁路、黔张常铁路和多条高速公路通过。常德中心城区建成面积逾100平方公里，人口超过100万。津澧融城实现合并设市，拟作为常德副中心城市。常德抓紧建设北部新城、西部新区、东部城区、江南新城和德山新城，促进一江两岸协调发展建设，先后建设完成了白马湖公园、丁玲公园、武陵阁步行城、欢乐水世界、穿紫河风光带、柳叶湖环湖风光带等项目。

四
湘南地区

包括衡阳、郴州、永州三市，土地面积 5.7 万平方公里。湘南南邻两广，是湖南对接粤港澳大湾区的前沿地带。湘南资源较好，有色金属和非金属矿产丰富，衡阳的铅锌、岩盐和硼砂，郴州的钨、铋、石墨和萤石，永州的稀土和锰，在全国占据重要位置。

湘南具备扎实的工业基础。衡阳的机械制造、盐化工、电子信息、特变电工，郴州的矿产品深加工、卷烟和新型建材，永州的农产品深加工和新医药，都形成了较大规模。郴州作为湖南对接广东的桥头堡，重点培育枢纽口岸职能。衡阳作为湘中南中心城市，重点培育装备制造、电子信息、电工电器、新材料、农产品深加工等产业。永州地处湘桂走廊枢纽位置，重点加强与北部湾、湛江港的经贸联系。

湘南加强与华南沿海的发展联系，借助对外开放促进对内搞活。通过京广线加强与广州黄埔港和南沙港、深圳盐田港、珠海高栏港的商贸联系，通过湘桂线、洛湛线加强与湛江港、防城港的商贸联系。湘南作为湖南承接产业转移的前沿区域，重点承接珠三角的服装、制鞋、电子、电器、食品等产业转移。

湘南旅游资源丰富，历史文化源远流长。南岳、东江湖、零陵古城等精品景区逐步纳入黄金旅游线路，与赣南、粤北、桂北扩大旅游对接。湘南把全域旅游作为工作重点，旅游发展与观光农业、特色城镇、民风民俗等紧密结合。

·郴州高椅岭的光影世界

1. 郴州市

位于湘东南，地处南岭山脉与罗霄山脉交错、长江水系与珠江水系分流的地带。土地面积 19387 平方公里。2020 年末人口 467.8 万，城市化率 58.2%。同年完成地区生产总值 2503.1 亿元，人均生产总值 53581 元。矿产资源富集，钨、铋、钼、石墨、锡、锌储量甚为丰富。郴州靠近粤赣，地理区位优越。郴州口岸现为湖南对接广东的主要窗口。全市进出口总额由 1995 年的 2400 万美元猛增到 2020 年的 49.0 亿美元。

郴州经济加速成长，石墨新材料、大数据、有色金属、电子信息、食品医药、节能环保、化工等新材料、矿物宝石、装备制造、农用机械等部门形成较大规模。精品会展和宝玉石产业迅猛崛起，为中国（湖南）国际矿物宝石博览会固定举办地。郴州高新区、永兴循环经济园、湖南广东家居智造产业园、郴州综合保税区迅速壮大，现已建成东江湖大数据产业园。市区建成区扩大到 100 平方公里。郴州成功创建国家园林城市、国家森林城市、国家卫生城市。

郴州重点建设好特色城镇和美丽乡村，侧重特色农业、生态旅游、健康养生、边界贸易等领域。东江湖位于资兴市境，湖泊面积 160 平方公里，集雄山、秀水、奇石、幽洞、岛屿、漂流于一体。

2. 衡阳市

位于湘中南。土地面积 **15310** 平方公里。2020 年末人口 **664.2** 万，城市化率 **54.3%**。同年完成地区生产总值 **3508.5** 亿元，人均生产总值 **48100** 元。地势南高北低，大体呈盆地状，市境最高点为衡山祝融峰，海拔 **1300.2** 米。河流有湘江、耒水、蒸水、洣水等。主要矿产有铁、锡、铅锌、金、铜、岩盐、芒硝、高岭土、钠长石等。衡阳山水秀丽，著名景区景点有南岳衡山、蔡伦竹海、石鼓书院、江口鸟洲、耒水国家湿地公园。

衡阳濒临湘江，区位优越，是重要的交通枢纽。南岳机场于 2014 年 12 月建成通航。大学有南华大学、衡阳师范学院、湖南工学院、湖南交通工程学院等。武广新区、滨江新区、来雁新城初具规模。衡阳抗战纪念城成为文化地标。衡阳也是湘南承接产业示范区的重要组成部分。

衡阳是我国南方重要的商品农业基地，拥有优质米、棉花、瘦肉型猪、黄花菜、特种蔬菜、特种水产、小水果、席草、湘莲、柑橘等十大农产品商品生产基地。工业以机械、冶金、化工、建材、纺织、食品为支柱，建成军民融合、有色金属、先进制造三大千亿级产业集群，并抓紧培育总部经济区、产城融合示范区、白沙洲工业园、松木经开区、建滔电子信息产业园。

·雁城衡阳

3. 永州市

位于湘西南，潇、湘两水汇合处。土地面积 22441 平方公里。2020 年末人口 529.6 万，城市化率 46.9%。同年完成地区生产总值 2101.7 亿元，人均生产总值 39857 元。地处南岭多金属成矿带，矿产以锰、锡、稀土为多。

永州是多民族地区，少数民族以瑶、壮为多，是瑶文化、楚文化发祥地之一，九嶷山乃舜文化渊源之地。2016 年，永州被确定为国家历史文化名城。名胜古迹有柳宗元文化旅游区、东安舜皇山、宁远九嶷山、双牌阳明山、都庞岭、江永女书生态博物馆、道县周敦颐故里等。

永州工业取得了长足发展，食品、冶金、汽车、纺织、医药均已形成较大规模。永州优先发展绿色高效农业，相继建成了稻米、生猪、油茶、柑橘、蘑菇、茶叶、生姜、芋头等商品农业基地。名特产有永州血鸭、东安鸡、江永香柚、东安白果、道县脐橙、零陵异蛇等。

永州加快完善现代交通网络，以湘桂铁路扩能、呼南高铁和永清广高铁新建、衡永高速新建、零陵机场迁建为重点。

永州积极推进文旅融合发展，打造瑶文化、柳文化、舜文化、女书文化、红色文化品牌，抓紧创建国家全域旅游示范市。东安、宁远、江永创建国家全域旅游示范区，双牌创建"国际慢城"，九嶷山创建国家生态旅游示范区。

·穿越万重山——湖南永州

五
湘西地区

位于湖南省中西部,包括张家界市、湘西土家族苗族自治州、怀化市、邵阳市和娄底市。土地面积 8.26 万平方公里,占全省的 39.0%。武陵山脉、雪峰山脉呈东北—西南向斜贯全境,资江、沅水、澧水蜿蜒流过。北部峰林地貌发育,南部喀斯特地貌广泛分布。属中亚热带季风湿润气候。矿产资源丰富,以锑、磷、锰为大宗。冷水江锑矿储量居世界第一位。水能资源丰富,已建成五强溪、凤滩、柘溪等大型水电站。

湘西地区有着浓郁的民族特色和民俗风情。土家族、苗族、侗族皆为能歌善舞的民族。湘西建立土家族、苗族、侗族原生态环境文化遗产保护地。湘西旅游集原始生态、神秘山水、民风民俗、生态休闲于一体,张家界风景为世界级旅游精品,凤凰、矮寨、崀山、芷江、里耶成为全国一流的旅游目的地。著名土特产有酒鬼酒、土家织锦、苗族银饰、蜡染等。

经过多年不懈努力,湘西地区发生了翻天覆地的变化,城镇相继崛起,路网覆盖全境,新居鳞次栉比,到处欢歌笑语。怀化、吉首、张家界、邵阳、娄底成为新型的区域增长极。2020 年,大湘西整体脱贫,全面小康的目标得以顺利实现。

·德夯大峡谷苗寨

张吉怀经济带连结张家界、吉首、怀化等中心城市，辐射3个市州的24个县市区，总面积5.25万平方公里。以枝柳铁路、包茂高速为主轴，辐射带动武陵、雪峰山区，集中力量发展农林产品加工、生态文化旅游、中医药、水电、矿产品深加工等行业。

1. 怀化市

位于湖南西部，素称"黔楚咽喉""滇黔门户"。土地面积 2.76 万平方公里，是湖南面积最大的地级市。2020 年末人口 458.3 万，城市化率 47.2%。同年完成地区生产总值 1671.9 亿元，人均生产总值 36365 元。

怀化地处武陵山脉与雪峰山脉之间，沅水自南向北贯穿全境。市境群山绵延，林木葱茏，森林覆盖率高达 68.7%，被誉为"会呼吸的城市"，又称"广木之乡、水果之乡、药材之乡"。矿产以金、铜、磷、石煤、硅砂、重晶石为多，官庄为重要的黄金生产基地。怀化水能资源丰富，五强溪水电站为湖南装机容量最大的水电站。

怀化成为湘鄂桂黔渝五省市周边中心城市。怀化的崛起，主要取决于湘黔、焦柳两大铁路的交会，后来又修建了渝怀铁路、沪昆高铁、怀邵衡铁路，张吉怀高铁投入运营。怀化高速公路主要是沪昆、杭瑞、包茂、娄怀、绕城公路等。

·怀化城区

近十年来，怀化综合实力大幅度增强，城乡面貌发生了巨大变化，青山环抱，绿水穿城，以生态宜居而著称。农业彰显山区生态特色，名特产品有靖州杨梅、碣滩茶、黔阳冰糖橙、安江香柚、麻阳黄桃等，茯苓、天麻产量居全国前列。工业以装备制造、新材料、新能源、节能环保、生物医药为重点，怀黔工业走廊、怀化工业园、怀化经开区形成较大产业规模，怀化高新区获批国家级高新区。怀化作为国家承接产业转移示范区，获批国家物流枢纽承载城市。怀化目前全面进入"高铁时代"，2018年开通怀化至明斯克中欧班列，2019年开通怀化至德黑兰中亚班列。

怀化名胜古迹较多，著名景点有芷江受降纪念坊、洪江古商城、龙兴讲寺、龙津风雨桥、高椅古村、万佛山、地笋苗寨、芋头侗寨等。辰州傩戏、传统龙舟和沅陵山歌被列入国家和省级非物质文化遗产名录。

·湘西凤凰被新西兰作家路易·艾黎称赞为中国最美丽的小城,与云南丽江古城、山西平遥古城媲美,享有"北平遥、南凤凰"之名,是国家历史文化名城

2. 湘西土家族苗族自治州

位于湘西北，湘鄂黔渝四省市交界处。土地面积 15462 平方公里。2020 年末人口 248.4 万，城市化率 50.7%。同年完成地区生产总值 725.1 亿元，人均生产总值 29059 元。境内有沅江、酉水、武水、猛洞河等。少数民族主要是土家、苗、回、瑶、侗、白等。山水风光旖旎迷人，以矮寨、猛洞河、红石林、坐龙峡相对突出。拥有凤凰古城、老司城、里耶古城等名胜古迹，涌现出熊希龄、沈从文、黄永玉等著名人物。旅游胜地有凤凰古城、里耶、芙蓉镇、边城茶峒等。

近十年来，湘西州经济社会取得巨大进步，居民生活得到很大改善。湘西州积极推广十八洞村精准扶贫经验，形成了从十八洞村一枝独秀到州内外满园花开的局面。湘西州初步形成锰锌加工、食品加工、生物医药三大产业集群，重点发展服饰、酿酒、油漆、制茶、制药、民族工艺等特色产业，古丈毛尖、保靖黄金茶、土家织锦、酒鬼酒成为湖南著名品牌。湘西州大力发展绿色产业，建成了大规模的富硒猕猴桃、椪柑、百合、黄金茶和优质烟叶生产基地。湘西州把生态文化旅游业作为富民强州的主导产业，大力推进旅游扶贫，初步探索出景区带村、能人带户、跨村联合、产业融合、"公司+农户"等旅游扶贫好路子。2020 年，全州接待游客 5138.7 万人次，旅游业收入 442.0 亿元。

湘西州加快交通运输建设，公路通车里程13028公里；加快基础设施建设，防洪、排涝、灌溉、供水四大体系逐步健全；建成具有民族特色、山区特征、时代特点的新型城镇体系。生态环境得到全面保护，全州森林覆盖率70.2%，设立自然保护区46个。

吉首是湘西州首府，有千余年历史。枝柳铁路纵贯南北。吉首大学是国家和湖南省重点建设的少数民族地区大学。吉首注重山城风貌塑造，突出民族文化传承，重点培育乾州新区。矮寨景区位于吉首城区以西18公里，矮寨大桥为世界上著名的峡谷悬索桥，湘川公路号称世界公路奇观。德夯景区集峡谷风光与苗族风情于一体。

· 张家界市天门山云海

3. 张家界市

位于湘西北，澧水中上游，地处武陵山腹地。少数民族以土家族、苗族、白族为多。土地面积9653平方公里。2020年末人口151.7万，城市化率51.7%。同年完成地区生产总值556.7亿元，人均生产总值36708元。

张家界市地势西北高，沿澧水向东南倾斜。森林覆盖率65.0%。著名景区景点有武陵源、九天洞、八大公山、贺龙故居、天门山、五雷山等，以石英砂岩峰林地貌这一奇特景观享誉全球。少数民族风情浓郁，特色习俗有哭嫁、赶年、土家祭祀、摆手舞等。桑植民歌被列入首批国家非物质文化遗产。武陵源景区已建设成世界级旅游地，拥有金鞭溪、黄狮寨、天子山、袁家界、黄龙洞等享誉中外的高品质景点。天门山号称"武陵之魂"，主峰1518.6米，因自然奇观天门洞而得名。

农作物以水稻、玉米、苎麻、茶叶为大宗。工业有农产品加工、生物医药、电子信息、矿业、旅游产品等。枝柳铁路和多条高速公路贯穿市境，张家界荷花国际机场为4D级民用机场，也是湖南第二大国际机场。

张家界抓紧创建国际精品旅游城市。东线重点建设大峡谷景区，西线重点建设茅岩河、九天洞景区，南线加紧完善天门山景区。永定区为中心城区，强化旅游服务功能，构建集航空、高速公路、铁路于一体的综合交通枢纽。武陵源区突出旅游观光功能。

4. 邵阳市

地处湘西南，土地面积20829平方公里。2020年末人口656.2万，城市化率52.2%。同年完成地区生产总值2250.8亿元，人均生产总值34063元。地形以丘陵为主，南岭山脉横亘南部，雪峰山脉耸峙西部。属中亚热带季风性湿润气候。资江为主要河流。名胜古迹有世界自然遗产崀山、城步南山、武冈云山、绥宁黄桑、隆回虎形山、北塔、法相岩等。

邵阳作为湘西南中心城市、交通物流枢纽和商贸文化中心，重视旧城区改造提升，培育高水平中心商务区，重点发展金融、保险、中介等现代服务业。沪昆高铁、沪昆高速、二广高速、洛湛铁路相继建成。2018年底怀邵衡铁路通车运营。武冈机场于2017年6月正式通航。邵阳重点加强与珠三角的经济联系，开设"门到门"的集装箱快运，积极承接来自珠三角的产业转移。

邵阳对传统产业进行改造提升，装备制造、汽车零部件、服装鞋类、中成药、酿酒、铝业、皮革等领域得以做大做强。邵阳的智能制造、文化产业、全域旅游、健康产业发展较快。邵阳抓紧发展绿色高效农业，着力打造雪峰蜜橘、新宁脐橙、龙牙百合、邵东黄花菜等优质品牌，构建面向粤港澳的绿色农产品基地。

旅游业成为邵阳重要的经济支柱。中心城区以游客集散和特色服务为主，新宁侧重自然观光旅游，武冈、隆回侧重历史文化旅游，城步、绥宁侧重少数民族风情和自然观光旅游，洞口侧重山岳观光旅游，邵东侧重工业和文化旅游。

·清清夫夷水，浓浓新宁情

5. 娄底市

位于湘中,是湖南的能源、矿产、化工和火电基地,也是重要的铁路枢纽。土地面积 8117 平方公里。2020 年末人口 382.8 万,城市化率 52.2%。同年完成地区生产总值 1679.9 亿元,人均生产总值 43913 元。

地势西高东低,呈阶梯状倾斜。主要河流有资江和湘江支流涟水。森林覆盖率 48.2%。矿产资源丰富,煤炭、石膏、石墨、重晶石、大理石出产较多,冷水江锡矿山锑储量为世界之冠。娄底历史悠久,人文荟萃,风光旖旎。曾国藩故居、湄江风景区、波月洞风景区、洛阳湾古建筑群、水府庙水库、紫鹊界秦人梯田各具特色,逐步形成高水平的旅游线路。

娄底地处湖南几何中心,湘黔铁路和沪昆高铁横穿东西,洛湛铁路和娄邵铁路纵贯南北,娄怀高速、长韶娄高速、二广高速经过市境。娄星区为新兴城区,中心商务区、交通枢纽、专业市场相继崛起,着力建设山水相融、宜居宜业的现代化中心城市。

近些年来,娄底加快新旧动能转换,相继关停了大量小煤窑、小水泥、小冶金企业,建立了新能源动力电池和储能产业园、生态电力科技谷,对锡矿山矿区进行综合整治。涟源钢铁厂是国家重要的板材基地,精品钢材和薄板深加工产值突破千亿元。

·梯田阡陌

page
155

Chapter VII

第七章
科学技术

一

概述

　　党的十八大以来，湖南在全国率先颁布实施了创新型省份建设纲要。2016年11月，湖南省第十一次党代会提出了实施"创新引领开放崛起"战略。2018年10月，科技部正式批复同意湖南建设创新型省份，全省着力推进以科技创新为核心的全面创新，以创新型省份建设引领湖南高质量发展。2019年，省政府印发《湖南创新型省份建设实施方案》，出台《湖南创新型省份建设若干财政政策措施》。

全省高新技术产业持续快速发展，现有 8 个国家级高新区和 30 个省级高新区，高新技术企业 4600 多家。全省已形成以 18 家国家重点实验室、14 家国家工程技术研究中心、3 家国家级临床医学中心为龙头，覆盖重点产业和重大民生领域，多学科、多层次的科研平台服务体系。

长株潭国家自主创新示范区重点培育区域创新能力，强力推动了长株潭乃至湖南省的自主创新。长沙、株洲、衡阳成为国家创新型城市，浏阳、资兴、湘阴成为国家创新型县市。湖南设立天使基金和创投基金，建设了省级以上科技企业孵化器、众创空间、星创天地等"双创"服务载体 273 个，促进更多科技成果就地转化。

湖南相继出台《湖南省科学技术进步条例》《湖南省科学技术普及条例》《湖南省技术市场条例》《湖南省企业专利工作条例》，新修订《湖南省科学技术奖励办法》，制定施行《湖南省高新技术发展条例》，制定出台《湖南创新型省份建设若干财政政策措施》《湖南省创新型省份建设专项资金管理办法》《湖南省科学技术奖励办法实施细则》《湖南省高新技术企业经济贡献奖励办法》等一系列政策法规。这些法规、规章和政策构成了湖南科技政策法规基本框架体系。

二 设立科技计划，突出重点领域

湖南省科技计划体系包括基础研究计划、科技攻关计划、科技创新环境建设计划三部分，分别包括自然科学基金计划、杰出青年基金计划、院士基金计划和应用基础研究计划，重大科技专项、地方科技攻关专项、科技攻关重点和一般项目，软科学计划、国际合作交流计划、技术交易与市场计划及其基础条件平台建设计划。湖南省科技厅还组织实施了"星火计划"，推动乡镇企业、中小企业和广大农村发展；组织实施了"火炬计划"，促进高新技术产业快速发展。

湖南省持续深化科技体制改革，多项改革举措在全国产生示范效应。比如，将 41 类省级科技计划专项整合为 5 类，构建了"511"科技创新计划体系，科技计划实行"三分离"和"五统一"的管理模式；实施"科技+""+科技"行动，加快科技与经济社会各领域深度融合；在全国率先实施两型产品政府采购制度，率先支持以专利权出资注册公司，率先实行两个"70%"的创新激励政策。

2019 年，湖南加强科技计划管理，构建布局合理、定位清晰、多元投入、联动协同、动态调整、管理科学、服务高效的科技创新计划体系。推进科技领域"放管服"改革，印发《湖南省创新型省份建设专项资金管理办法》，打通科研项目资金管理渠道。引导市州与县市区区域创新能力提升发展，出台《湖

·"智能制造"引领湖南创新发展新时代

南省引导支持市县创新驱动发展财政奖补实施细则》，奖励实施创新开放引领、科技成效明显的市州和县市区。

湖南深化科技创新计划管理改革，将原省科技发展计划专项、产学研结合专项、长株潭国家自主创新示范区建设专项"三合一"，启动创新型省份建设专项，高质量推进创新型省份建设专项组织实施。2019年，湖南省从三个方面入手，重点改革科技重大专项项目形成机制。一是强化顶层设计，由"自由申报"转为"定向申报"。二是强化科学论证，由"专家评审"转为"院士论证"。三是强化资助力度，由"重点支持"转为"聚焦资助"，实现了集中财力办大事。

· 湖南科技大学研制的多用途钻机"海牛号"在南海深海海试成功，标志着我国具备了深水海底取样的能力

· 从湖南到世界，打造轨道交通产业集群——中车株机勇闯"一带一路"国家和地区市场

湖南科技资金向重点领域倾斜，集中力量办大事。在工业领域，湖南重点扶持了"和谐号"380A高速动车组、三一重工工程机械创新平台、矮寨特大悬索桥、"海牛"深海钻机、大容量石墨烯超级电容、铁路大直径盾构机、虚拟轨道智能列车、广域电磁勘探、南车株机米轨动车组、中低速磁悬浮线路、永磁同步牵引电机等项目。在农林水利领域，湖南重点扶持了两系法杂交水稻研究与应用、南方马铃薯全程覆盖生态栽培技术、稻瘟病防治、特早熟油菜品种等项目。在社会公用事业领域，湖南重点扶持了餐厨垃圾无害化处理、电网冰冻灾害防治、猪胰岛移植治疗糖尿病、皮肤病人工智能诊断等项目。在高新技术领域，湖南重点扶持了国家超算长沙中心、激光陀螺、8英寸IGBT专业芯片、全智能型混凝土喷射机、环卫智慧作业机器人、固态硬盘控制芯片等重大项目。

·山河科技制造的复合材料轻型飞机

湖南集中力量重点突破十大技术攻关项目，即新一代轨道交通高效驱动系统技术、高弹性低轨卫星网系统设计、深海风电输变电核心技术、镉低积累水稻育种及栽培关键技术、新一代光子晶体光纤陀螺、多用途轻型运输飞机关键技术、航空发动机异形构件精密铸造技术、高性能GPU芯片、大尺寸超高清显示屏技术、超高清视频算法。

湖南推进数字产业化，大力发展新一代信息技术，加快培育"大智移云"战略性新兴产业，壮大先进计算、北斗应用、超高清视频、智能网联汽车等优势产业，布局光电信息、量子信息、人工智能等未来产业。推进国家区块链创新应用试点，打造全国先进绿色算力枢纽。

· 2014年，世界第二条、中国第一条8英寸IGBT芯片生产线在中车株所建成

三
创新驱动，塑造湖南发展新优势

2016年12月，湖南出台关于"增强自主创新能力建设创新型湖南"的文件，把提高自主创新能力、建设创新型湖南作为调整优化经济结构、转变增长方式，实现全省经济社会持续快速协调健康发展和建设和谐社会的战略支撑。

·马栏山夕照

湖南在全国率先颁布实施了创新型省份建设纲要。2018年10月，科技部正式批复同意湖南建设创新型省份，全省着力推进以科技创新为核心的全面创新，以创新型省份建设引领湖南高质量发展。2019年，省政府印发《湖南创新型省份建设实施方案》，出台《湖南创新型省份建设若干财政政策措施》。2020年12月，湖南旗帜鲜明地提出，实施"三高四新"战略，构筑科技创新高地。科技投入稳步增加。

科技人才队伍加速壮大。2019年，以"芙蓉人才行动计划"为指引，实施湖湘高层次人才集聚工程。年内，湖南省7人当选两院院士；4人获"何梁何利奖"，39人入选"万人计划"；6人入选国家杰出青年，13人入选国家优

秀青年。2021 年，5 位在湘专家当选中国科学院、中国工程院院士。其中，国防科技大学黎湘教授当选中国科学院院士，中南大学姜涛教授，湖南省农业科学院柏连阳教授、单扬研究员，中南林业科技大学吴义强教授当选中国工程院院士。

国家自主创新示范区、国家可持续发展议程创新示范区、马栏山文创产业园等战略平台在湘布局。高标准建设岳麓山实验室，推动在湘国家重点实验室和工程技术中心优化提质，推进省级重点实验室结构优化。湖南积极创建岳麓山国家大学科技园、国家生物育种产业创新中心、国家耐盐碱水稻技术创新中心、中南源品干细胞科技园、智能网联汽车（长沙）测试区。长沙、株洲、衡阳获批国家创新型城市，浏阳、资兴、湘阴获批国家创新型县市。

全省 8 个国家级高新区和 30 个省级高新区，现已成为创新要素最密集、发展最活跃的区域。科技支撑引领产业发展作用进一步凸显。湖南在中高速磁悬浮列车、3D 打印、先进功能材料、航空航天、人工智能等领域组织实施一批省科技重大专项，创造了广受瞩目的"自主创新长株潭现象"。

深化军民融合协同创新，打造军民融合改革创新示范区。湖南与国防科技大学共建产业技术协同创新研究院，搭建国防科技成果转移转化平台。湖南布局实施了一批军民两用高科技项目，形成了以北斗、集成电路、信息安全等领域为重点的军民融合特色产业集群。目前，长株潭地区汇聚军民融合企业 200 余家，实现年收入近千亿元，年均增速达 30% 以上。

湖南设立了天使基金、创投基金，建设了"一站式"大型仪器和科研基础设施共享服务平台，省级以上科技企业孵化器、众创空间、星创天地等"双创"服务载体 273 个。成功举办多届创新创业大赛，帮助参赛企业获得创业投资超过 15 亿元，获得贷款授信超过 9 亿元，培训创业者 2.5 万余名。

从"支持小众"到"服务大众"。一是服务脱贫攻坚特色鲜明。省科技厅志愿服务团队送科普下乡，推进"特色产业带动"的科技精准扶贫模式。二是服务环境保护和民生改善亮点频出。气象灾害预警、输电线路融冰除冰、食品安全监控、智慧交通等项目成果广泛应用。三是科普工作不断强化。全省建有省级科普基地 200 家，统筹科研基地、科技服务平台，形成普惠、开放、共享的现代科普体系。

从"引进来"到"走出去"。湖南出台《湖南对接"一带一路"战略工作方案》，把深度融入"一带一路"科技创新合作列为重点工作。全省建立了国家级和省级国际科技合作基地 56 家，搭建了亚欧水资源研究和利用中心、中意工业设计中心、中埃可再生能源国家联合实验室、湖南北卡国际创新中心等一大批国际科技合作平台，培养了一批高水平且有国际视野的国际科技合作人才和创新团队。

page 169

Chapter VIII

第八章
文化艺术

一
概述

近十年来,湖南文化艺术建设取得了令人瞩目的成就,在全国乃至世界产生了重要影响。文化艺术产业发展势头良好,文化艺术人才队伍茁壮成长。2012—2015 年湖南文化产业增加值连续三年进入全国十强,领跑中西部省份。2010 年湖南有艺术表演团体 201 个,到 2020 年猛增到 631 个。2010 年湖南有公共图书馆 124 个,2020 年增加到 143 个。2010 年湖南有博物馆 81 个,2020 年增加到 122 个。2010 年湖南出版图书 31153 万册,2020 年增加到 48269 万册。2010 年湖南电视人口覆盖率 96.4%,2020 年上升到 99.7%。2020 年湖南有文化馆 146 个,文化站 2233 个,艺术表演团体 631 个,从业人员 5987 人。

·湖南博物院藏商末皿方罍(局部)

·湖南广播电视台及湖南国际会展中心

2016年，湖南省第十一次党代会报告旗帜鲜明地提出建设文化强省。2016年湖南省文化厅先后出台了《湖南省关于繁荣发展社会主义文艺的实施意见》《关于支持戏曲传承发展的意见》《湖南省文化厅文艺家创作采风制度（试行）》，涌现了湘剧《月亮粑粑》《桃花烟雨》、花鼓戏《我叫马翠花》《湘绣情》、民族歌剧《英·雄》、昆曲《乌石记》、歌剧《陈家大屋》等一批精品力作。2018年起湖南举办戏曲春晚，有40多家戏曲艺术单位参加演出，演职人员超过1000人。湖南巩固提升广电、出版传统优势，大力推进马栏山视频文创产业园建设，努力打造具有中国特色、全国领先、具全球影响力的媒体融合新地标。

·湖湘文库

　　湖南广播电视台连续 5 年入选亚洲品牌 500 强，湖南出版投资控股集团列全球出版企业第 7 位，中南传媒、电广传媒连续 8 年进入中国文化企业 30 强行列。全省经国家认定的动漫企业 32 家，重点动漫企业 6 家，占全国重点动漫企业总数的 14%。中南传媒、电广传媒、快乐购、拓维信息、天舟文化等 5 家上市文化企业市值达 1250 多亿元。

党的十八大以来，文化交流与文化贸易并举的新格局逐渐形成，湖南文化影响力日益增强。对外文化交流足迹遍布美国、英国、法国、俄罗斯、日本、韩国等 90 多个国家和地区，成功举办"欢乐春节·锦绣潇湘"等重大交流活动。文化贸易快速增长，长沙入选国家首批文化出口基地，荣获媒体艺术之都、东亚文化之都称号。

2016 年《"十三五"时期湖南贫困地区公共文化服务体系建设规划纲要》出台，全省启动基层综合性文化服务中心建设，印发《湖南省关于推进基层综合性文化服务中心建设的实施意见》，率先在全国出台《湖南省村（社区）综合文化服务中心管理办法》，建成首批 400 个贫困地区村级综合性文化服务中心示范点。

二 工作业绩

"户户通""农家书屋"等一系列文化惠民工程的实施,让三湘百姓的文化生活变得丰富多彩。"十二五"期间,湖南全面完成 4.4 万余个农家书屋的建设,在全省农村实现全覆盖,缓解了广大群众"看书难、借书难、买书难"问题,丰富了农村文化生活。

湖南动漫游戏产业起步较早。湖南将动漫技术职称评定纳入艺术职称评定系列,开全国先河。2011 年全省电视动画片产量全国排名第八,动漫业产值 46.5 亿元,全国排名第三。2017 年湖南省首家文化金融中心落户天心文化产业示范园。

2018 年湖南文化和旅游公共服务体系基本建成,公共文化阵地网络全面覆盖,全省基本实现"省市县有公共图书馆、文化馆,乡镇有综合文化站,村(社区)有综合文化服务中心"的建设目标。(表 8-1,见附录)

湖南文化产业规模稳步壮大,文化新业态发展势头强劲,动漫游戏产业颇有影响,诞生全国唯一的卡通动画"中国驰名商标"——蓝猫。

在戏剧艺术科研方面,《中国戏曲志·湖南卷》(上、下册)、《中国戏曲音乐集成·湖南卷》(上、下册)、《湖南地方剧种志丛书》(5 册)、《湖南地方戏曲音乐集成》(15 册)等志书编纂出版;傩戏、剧目、剧作家、新兴学科等方面的研究也取得了进展。

2017年11月29日，湖南省博物馆（现为湖南博物院）新馆正式对外开放，新馆占地4.9万平方米，总建筑面积91252平方米，展示文物增加到5000件/套以上。现有馆藏文物18万余件，其中马王堆汉墓出土文物、商周青铜器、楚文物、历代陶瓷、书画弥足珍贵。年观众接待量由原来的120万人次增加到360万人次。

· 湖南博物院商代象尊（局部）　　· 湖南博物院商代铜鸮卣（局部）

· 湖南博物院辛追墓T形帛画（局部）

2016年,湖南在文化部的指导下,与湘西自治州人民政府、国内知名的设计企业北京木真了时装有限公司通力合作,共同建设了湘西传统工艺工作站,启动了集非遗生产性保护、文化精准扶贫于一体的苗绣振兴项目——"让妈妈回家"计划,推出"一善荷音"时装品牌,设立了20多个苗绣创业培训基地,培训了6000多名绣娘,创造就业岗位近3000个,促进大量青壮年劳动力回乡创业。

湖湘文化在国内外产生广泛影响。2016年8月27日至31日,"感知中国——湖南文化走进法国"活动在巴黎举行,受到法国各界关注。中国旅法勤工俭学蒙达尔纪纪念馆顺利开馆。

·十八洞村苗家妇女绣制苗绣

三
弘扬特色

省内各地根据各自特点及优势，走出了不同的发展路线。长沙、株洲侧重发展高端文化娱乐产业，常德大力扶持民间演艺团体，张家界整合旅游演艺市场。长沙—常德—张家界—凤凰演艺走廊初见雏形。

湖南相继建立了国家级非物质文化遗产生产性保护示范基地 4 个：湘西龙山县捞车河村土家织锦技艺传习所、怀化通道侗族自治县侗锦织造技艺生产地呀啰耶侗锦织艺发展有限公司、湖南省湘绣研究所、醴陵陈扬龙釉下五彩瓷艺术中心。

湖南是一个非物质文化遗产资源大省，湘绣、苗族鼓舞、汨罗端午节、土家族织锦、湖南目连戏、浏阳菊花石、江永女书、常德丝弦、土家族摆手舞、桑植民歌等 10 个项目被评选为"湖南十大民族民间文化遗产"。湖南的"昆剧"、"汨罗江畔端午习俗""湖南皮影戏""二十四节气"（苗族赶秋、安仁赶分社）等 4 个项目，被联合国科教文组织列入人类非物质文化遗产代表作名录。湖南现有国家级代表性项目 118 个，国家级项目代表性传承人 121 人；省级代表性项目 324 个，省级项目代表性传承人 304 人；市级代表性项目 894 个，市级项目代表性传承人 970 人；县级代表性项目 2706 个，县级项目代表性传承人 2446 人。

· 《甲子顺锦》是目前全国最长的土家织锦,全面展示了土家织锦的特点与魅力

· 柳叶湖上赛龙舟

湖南现有国家级文化生态保护实验区 3 个：武陵山区（湘西）土家族苗族文化生态保护实验区、怀化市侗族苗族文化生态保护（实验）区、常德鼓书文化生态保护（实验）区；省级文化生态保护实验区 3 个：怀化市侗族苗族文化生态保护（实验）区、常德鼓书文化生态保护（实验）区、郴州市临武县省级戏曲文化生态保护（实验）区。

·苗族少女盛装会

page
183

Chapter IX

第九章
城乡建设

一 概述

党的十八大以来，湖南城乡综合承载能力和治理能力显著提升，城乡面貌发生了翻天覆地的变化。全省城镇化率从 2011 年的 45.10% 提升到 2020 年的 58.76%。城市数量持续增加，城市功能不断完善。*(表 9-1，见附录)*

湖南大力实施城乡统筹战略，城市发展日新月异，城镇化进入加速推进期。长株潭核心增长极、环洞庭湖区、大湘南地区、大湘西地区城市群战略格局初步形成，长沙、衡阳、岳阳、常德等中心城市综合实力和影响力明显增强，一批经济强县加快发展。随着多个快速交通网络的完善，城镇之间的联系不断强化，全省初步形成了"一核三极四带多点"和以长株潭为核心的四大放射状城镇发展轴——长岳城镇发展轴、长衡郴城镇发展轴、长益常城镇发展轴、长娄邵怀城镇发展轴，构建了核心引领、板块联动、多点支撑的平衡协调发展的新格局。

・梅溪湖国际文化艺术中心

二
城乡环境整治

湘江保护与治理成为湖南省"一号重点工程"。两个"三年行动计划"实施以来，湘江流域水质总体为优，**80%** 的干流断面水质稳定达到Ⅱ类水质标准。常德穿紫河、郴州秧溪河等城市内河，由黑臭"龙须沟"变身滨水公园，杨柳依依，河水潺潺。

·湖南长沙橘子洲

湖南先后实施"污水处理设施建设三年行动""两供两治""双修双改"等专项行动，污水垃圾处理率、生活垃圾无害化处理率等主要指标稳步增长，城乡环境基础设施面貌发生重大变化。湖南提出着重抓好安全供水、气化湖南、污水治理、垃圾治理、黑臭水体整治、智慧建设增效六大工程，城乡环境基础设施建设迈入"快车道"。

湖南宜居环境不断优化。全省城市燃气普及率由2010年的87.0%上升到2020年的95.9%，城市人均绿地面积由2010年的8.9平方米增加到2020年的14.1%。生活垃圾无害化处理率由2010年的79.0%上升到2020年的100%。建成国家园林城市（县城）15个，历史文化名城名镇名村39个，全国美丽宜居小镇（村庄）38个，中国传统村落658个，全国绿色村庄1430个。

湖南聚焦安全供水、气化湖南、污水治理、垃圾治理、黑臭水体整治、智慧建设增效等六大工程。供水方面，加强饮用水水源地保护和环境风险整治。气化湖南方面，按照上游引气源、中游建管网、下游拓市场，打造全省"一张网"思路，加快建设省内天然气支干线和城镇燃气管道，实现县县通管道天然气。污水治理方面，实施县以上城市污水治理提质增效三年行动，加快解决污水管网覆盖率低、进水浓度低、负荷率低等问题。垃圾治理方面，加快建立完善垃圾分类投放、分类收集、分类运输、分类处理系统。黑臭水体整治方面，按照"源头化、流域化、系统化、数字化"治理思路，建立长效机制。智慧建设增效方面，抓好污水处理厂在线监控系统和黑臭水体整治监管系统的改造升级，加快建设供水水质在线监测系统和垃圾收集、转运、处理、利用等全过程智慧监管平台。

推动城市管理从单一的政府管理行为向"政府主导、公众参与、多元共治、共享成果"的"大城管"共治模式转变。重点抓网格化、数字化基础治理工作，提高城市管理执法科学化、精细化、智慧化水平。从城市管理走向城市治理。各地创新体制机制和执法方式，市容市貌焕然一新。

三
建筑业

湖南涌现出一批具有代表性的标杆企业，在建筑质量、科技创新、安全管控和人才队伍建设等方面形成显著竞争优势，比如中建五局、中铁城建、五矿二十三冶、水电八局、湖南建工集团、湖南五建、湖南六建、沙坪建设、高岭建设、顺天建设、望新建设、东方红建设等。

湖南涌现出了远大住工、三一集团、筑友智造等全国装配式建筑领军企业，年产能和综合实力居全国前列。现有国家装配式建筑示范城市1个（长沙）、装配式建筑产业基地9家。装配式建筑已成为继超级稻、超级计算机、超高速轨道交通后的又一张"湖南名片"。建筑业不仅成为国民经济的支柱产业，也逐步发展成优势产业和富民产业。

·山水洲城——长沙

湖南以发展新型建造方式为重点，将发展装配式建筑列为全省重点发展的十大新兴产业和二十条优势产业链之一，形成了比较成熟的装配式建筑，年生产能力达到 3000 万平方米，形成了远大住工、三一集团、筑友智造等一批全国装配式建筑的领军企业。

2016 年以来，湖南省住房和城乡建设厅坚决贯彻省委省政府"放管服"有关部署，着力推进施工图审查制度改革，推出"互联网 + 图审"、政府购买服务、多审合一、多图联审、全电子化招标等一系列举措，构建了全省建设工程项目"一张网"，形成住建部门、人防部门、建设单位、勘察设计企业及审查机构等单位数据共享的全省统一施工图审查服务平台，将集中在省会、大城市的智力密集型审查机构，零距离配送到投资者、勘察设计企业手中，投资者通过审查机构遴选系统，足不出户，就可得到施工图审查服务。2017 年 1 月，湖南省施工图管理信息系统开始试运行，施工图步入数字化审查时代，实现了施工图审查"零跑路""零接触""零付费"，对减轻企业负担、优化投融资环境、提升勘察设计质量发挥了重要作用。

四 房地产

为了实现从"蜗居"到"宜居"、从"简居"到"优居"的梦想,湖南大力推进住宅建设。2008年,湖南全面启动保障性安居工程。2010年以来,全省累计建设公租房105.5万套,发放住房租赁补贴57.41万户,城镇低收入和中低收入住房困难家庭实现"应保尽保"。完成各类棚户区改造261.3万套,帮助近1000万居民"出棚进楼"。实施农村危房改造171.7万户,帮助超过500万农户解决了住房困难问题。2020年,湖南城镇居民人均住房面积达到51.14平方米,比1978年增加47.2平方米;农村居民人均住房面积达到65.3平方米,比1978年增加54.8平方米。

2010年,湖南拥有建筑企业2005个,总产值3161.73亿元;2020年有建筑企业3338个,总产值11863.77亿元。2010年湖南房屋施工面积27680.5万平方米,竣工面积10573.5万平方米;2020年房屋施工面积67978.8万平方米,竣工面积21235.3万平方米。(表9-2,见附录)

2018年6月,长沙出台全国最严楼市调控政策,全面打响反炒房攻坚战。同年7月,省住房和城乡建设厅发布"湘十一条",强化楼市分类调控,省内重点城市房价猛涨势头得到控制。长沙是全国房地产价格得到合理调控的省会城市之一。

五
电信

2014年湖南开启4G服务，2016年底全省基本实现乡镇以上区域4G全覆盖。2017年湖南全面建成"光网城市"，进入千兆智能光网时代。随着光网延伸，IPTV新电视快速走进湖南的千家万户。

2015年，湖南电信发布"互联网+"行动计划。湖南电信结合自身优势，推进"互联网+政务""互联网+工业制造""互联网+农业""互联网+新兴服务"的"互联网+"行动计划，为湖南产业提升和社会进步作出卓越贡献。近年来，湖南电信大幅降低资费，全面推广国内流量畅享、大流量套餐，显著提升了人民的幸福指数。

到2020年，湖南电信用户的固定宽带平均速率达到103M。湖南全面启动"百城千兆"示范工程，着力打造200M普及、1000M引领的宽带接入能力。随着5G时代大幕开启，湖南力争尽快建设网络强省。

六 国土空间规划

湖南启动了新一轮国土空间规划编制工作。省自然资源厅牵头,省直各部门共同参与,在充分进行专题研究的基础上,科学合理制定空间规划。

2018年7月25日,省政府正式印发了《湖南省生态保护红线》(湘政发2018〔20〕号),划定面积为4.28万平方公里,占全省面积的20.23%。全省生态保护红线空间格局为"一湖三山四水"。"一湖"为洞庭湖(主要包括东洞庭湖、南洞庭湖、横岭湖、西洞庭湖等自然保护区),主要生态功能为生物多样性维护、洪水调蓄。"三山"包括武陵—雪峰山脉生态屏障,主要生态功能为生物多样性维护与水土保持;罗霄—幕阜山脉生态屏障,主要生态功能为生物多样性维护、水源涵养和水土保持;南岭山脉生态屏障,主要生态功能为水源涵养和生物多样性维护,其中南岭山脉生态屏障是南方丘陵山地的重要组成部分。"四水"为湘资沅澧的源头区及重要水域。

全面建立资源高效利用制度,健全自然资源资产产权制度,实行能源和水资源消耗、建设用地总量与强度双控,健全资源节约集约循环利用政策体系,完善资源价格形成机制。全面落实河湖长制,建立生态产品价值实现机制,完善市场化、多元化生态补偿。

湖南编制《湖南省水安全战略规划（2021—2035年）》，旨在统筹解决水资源短缺、水生态损害、水环境污染和水灾害频发等新老水问题，满足人民对水安全的需求，到2035年，防洪、饮水、用水和河湖生态安全水平显著提升，建成与基本实现社会主义现代化相适应的水安全保障体系。

洞庭湖是我国第二大淡水湖，是长江流域重要的调蓄性湖泊，在调节长江径流、维护生态平衡、保护生物多样性等方面具有举足轻重的作用。洞庭湖区加大环境综合整治力度，推进十大工程（四口水系综合整治、洞庭湖北部水资源配置、河湖连通、安全饮水巩固提升、重要堤防加固、农业面源污染治理、工业点源污染治理、城乡生活污染治理、特殊水域与湿地保护、血吸虫病综合防控工程），实施五大专项行动（沟渠塘坝清淤增蓄、畜禽养殖污染整治、河湖围网养殖清理、重点工业污染源排查、河湖沿岸垃圾清理），湖区环境有所改善，总磷等主要污染物年排放量逐步减少，年均浓度不断降低。排查整治工业企业5047家，清理自然保护区核心区欧美黑杨18.4万亩，洞庭湖生态环境明显好转。

·洞庭湖湿地

page
197

Chapter X

第十章
旅游

一 旅游发展

湖南是我国的旅游资源大省，山水风光秀美奇特，历史文化底蕴深厚，民俗风情多姿多彩。有张家界、崀山、老司城等世界遗产，有南岳衡山、洞庭湖等秀美奇特的自然风光，有岳麓书院、韶山、凤凰古城等底蕴深厚的人文景观。这里长眠着传说中的古代帝王炎帝和舜帝，这里留下了屈原、贾谊、朱熹等历代文人墨客的经世之作，这里走出了曾国藩、左宗棠、黄兴等中国近代史上叱咤风云的人物，这里还是新中国的开创者毛泽东、刘少奇、任弼时等一批领袖人物的故乡。

· 南岳衡山祝融峰的雾凇景观

湖南有"快乐潇湘"之誉,影视文化、"歌厅文化""酒吧文化""休闲文化""湘菜文化"全国驰名,《天门狐仙》《魅力湘西》等演艺节目点亮了游客的夜间生活。湖南坚持旅游精品建设,将大湘西旅游圈打造成全省新的极具竞争力的旅游精品,稳妥推进了"一带一圈"建设(湘江旅游经济带、大湘西生态文化旅游圈)。湖南相继引进了万豪、希尔顿、威斯汀、洲际、凯宾斯基等一批国际顶级品牌旅游饭店。

2012年5月,省委省政府出台《关于建设旅游强省的决定》,推进由旅游产业大省向旅游强省的跨越,建设以"锦绣潇湘"为品牌的全域旅游基地。健全完善"张吉怀旅游共同体""张家界南线旅游合作区""大崀山生态文化旅游协作区"等区域旅游合作联盟。长沙铜官古镇被评为中国乡村旅游创客示范基地,韶山旅游区被评为首批中国优秀国际乡村旅游目的地。推动成立吉首大学中国乡村旅游研究院。长沙市建立全国第一家旅游新场景实验室,张家界市成立全国首家乡村旅游研究院。

2014年,中国湖南国际旅游节、中国湖南红色文化旅游节首次在大湘西地区举办。大湘东文化旅游经济带合作联盟、沪昆高铁湖南穿越之旅推广联盟成立。

2016年,制定实施《湖南旅游市场营销五年行动计划》,制作推出《锦绣潇湘·伟人故里——湖南如此多娇》旅游形象宣传片。

2017 年，深入开展红色旅游进校园、进社区、进景区活动，结合纪念秋收起义 90 周年举办了第三届中俄红色旅游合作交流系列活动暨首届湘赣边红色旅游节，在"半条被子"红色经典故事发生地汝城县沙洲村举办了第 14 届中国（湖南）红色旅游文化节。

2020 年接待游客 69336 万人次，其中，接待海外游客 17.0 万人次，接待国内游客 69319.0 万人次，旅游总收入 82661.95 亿元。同年全省拥有星级饭店 320 家。（表 10-1，见附录）

湖南高度重视大湘西文化旅游融合发展，提出把大湘西建成文化旅游融合示范区。推进大湘西 13 条精品旅游线路建设，辐射周边 429 个村，使之脱贫致富。2017 年，推出"让美丽战胜贫困"湖南旅游扶贫典型案例，积极探索湖南乡村旅游精准扶贫的新经验、新模式，深入推进景区带村、能人带户、公司 + 农户、合作社 + 农户等"双带双加"旅游扶贫模式，形成了湖南"让美丽战胜贫困"的 55 个旅游扶贫典型案例。

湖南省文化和旅游厅印发《湖南省"十四五"文化和旅游发展规划》。预计到 2025 年，文化强省和以"锦绣潇湘"为品牌的全域旅游基地建设取得重大进展，文化产业和旅游产业对全省经济社会发展的贡献度进一步提升，努力建成全国文化高地、全国文化和旅游融合发展示范区、国内外著名旅游目的地，为建设现代化新湖南贡献力量。

二 景区景点和旅游线路建设

湖南张家界武陵源和新宁崀山为世界自然遗产，湖南湘西永顺老司城为世界文化遗产。湖南有国家 5A 级景区 11 个，即武陵源天门山、南岳衡山、韶山、岳阳楼、岳麓山橘子洲、花明楼、东江湖、崀山、炎帝陵、常德桃花源、矮寨十八洞德夯大峡谷。

以"锦绣潇湘"为品牌的全域旅游基地为总目标，加快创建 30 个全域旅游示范区，建设 30 个省级重点旅游项目。建设好长株潭、环洞庭湖、大湘西、雪

·世界文化遗产老司城遗址全景

·日出武陵源

峰山、大湘南旅游板块。优化精品线路布局，着力规划建设张崀桂旅游走廊世界遗产旅游线、"伟人故里"红色旅游线、长江黄金水道和环洞庭江湖度假旅游线、桃花江·桃花源美丽乡村旅游线、"心愿之旅"祈福寻根旅游线、"神韵雪峰"山地度假旅游线和"快乐之都"长株潭都市旅游线等7条跨区域旅游线路。以区域品牌培育和旅游业态创新为重点，全面提升旅游景区、旅游乡村、旅游小镇、旅游街区、旅游综合体和旅游城市的休闲度假功能和核心吸引力，打造资源品质高、品牌形象优、核心吸引力强的精品旅游线路，加快形成"锦绣潇湘"精品旅游线路优化布局。

加强国土空间规划统筹引导，突出旅游景区—旅游城镇—旅游通道三大要素，结合"三线一单"（即生态保护红线、环境质量底线、资源利用上线和环境

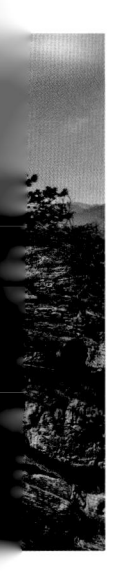

准入负面清单）划定及成果，建立"多规合一"的规划工作机制，将旅游功能区建设与城乡建设、土地利用、生态环境保护同步规划，实行"统规共建"。

长沙市、张家界市等国际旅游目的地城市和韶山、武陵源—天门山、南岳、岳麓山·橘子洲、岳阳楼—君山岛、花明楼、东江湖、凤凰等国际旅游精品景区提质升级步伐加快，崀山、老司城成功列入世界遗产名录，城步南山被纳入首批国家公园体制试点区，长沙灰汤国际温泉度假区成为首批国家级旅游度假区，株洲神农谷等4家景区成为国家生态旅游示范区，新化、麻阳荣获全国休闲农业和乡村旅游示范县称号，长沙洋湖湿地等7家景区被认证为"两型旅游景区"。

旅游业融合发展加快，培育了生态旅游、乡村旅游、文化旅游、康体旅游、温泉旅游、研学旅游、邮轮旅游和旅游装备制造等旅游新业态，建设完善了一批自驾车（房车）营地，《中国出了个毛泽东》《天门狐仙》《魅力湘西》《边城》等大型演艺活动深受广大游客喜爱。

大力推进"旅游厕所革命"，加快旅游停车场建设，支持建设了一批游客中心，形成了省、市、县、景区四级游客集散服务体系，实现了4A级及以上旅游景区高速公路指示牌全覆盖，全面设置了大湘西地区3A级及以上景区通景公路指引标志，加快旅游信息公共平台建设，11个城市（区、县、镇）先后纳入国家智慧旅游城市试点名单。

旅游经济总量、旅游市场规模、旅游综合竞争力等指标进入全国前列。"锦

绣潇湘 快乐湖南"旅游整体形象更加鲜明，旅游品牌优势更加突出，市场知名度和美誉度进一步提高。

加强区域旅游合作，以打造长（沙）岳（阳）湖湘文化旅游走廊、张（家界）崀（山）桂（林）旅游走廊和郴（州）广（州）旅游走廊为重点突破，带动12个旅游功能区规划建设整体推进，加快构建以长沙为中心，以张家界为龙头，以岳阳、怀化、郴州为增长极，以"一带（湘江旅游带）四圈（长株潭、环洞庭湖、大湘西、大湘南）"为骨架的区域旅游发展格局。

长沙市重点发展都市观光休闲、文化体验、商务会展旅游产品，将其打造成为服务全省、辐射中西部、影响全国的商贸旅游强市、国际文化名城和休闲娱乐之都。

· 武陵源天子山景区

张家界市重点发展遗产旅游、生态旅游、民俗旅游、休闲度假旅游产品，将其打造成为国家全域旅游示范区和中国国际特色生态体验旅游目的地。

湘江旅游带重点发展观光休闲、文化体验、商务会展、低空旅游、邮轮游船游艇旅游和滨江绿道旅游产品，将其打造成为充分体现湖湘文化和"两型"特色的滨江旅游休闲聚集带。长株潭旅游圈重点发展以文化旅游、商务旅游、休闲度假为特色的都市休闲旅游，将其打造成为我国中部地区重要的旅游集散服务中心、特色旅游商品及旅游装备制造生产基地、长江中游城市群旅游产业发展核心引领区。环洞庭湖旅游圈重点发展湖泊旅游度假、文化体验旅游和旅游装备制造，将其打造为国际知名湖泊型旅游目的地。大湘西旅游圈重点发展生态观光、休闲度假、民俗体验、文化考察、健身娱乐旅游产品，将其打造成为国际知名生态文化旅游目的地。大湘南旅游圈重点发展休闲度假旅游，将其打造成为集自然观光、文化体验、生态度假、康体养生、生态宜居等功能于一体的生态文化休闲度假旅游目的地。

围绕"一带四圈"区域旅游发展布局，重点抓好以下 12 个旅游功能区建设，即长株潭都市休闲旅游区、张家界国际生态旅游度假区、环洞庭湖湖泊度假旅游区、韶山红色经典旅游区、崀山生态文化旅游区、南岳祈福康养旅游区、凤凰文化体验旅游区、炎陵神农文化旅游区、九嶷山生态文化旅游区、东江湖休闲度假旅游区、雪峰山生态文化旅游区、梅山文化体验旅游区。

以品牌打造和业态创新为重点，努力提升"吃、住、行、游、购、娱"等旅游要素产品供应商的发展规模、质量、效益和水平，支持旅游企业做大做强，逐步形成结构合理、管理科学、优势互补、实力强大的现代旅游产业综合体系和产业集群。

·郴州高椅岭风景区

    按照"精准识贫、精准扶贫、精准脱贫"的要求，发挥好旅游业强大的产业整合能力，推动实施《湖南省旅游促进扶贫五年行动计划》。支持贫困地区居民通过发展特色民宿、旅游风情小镇、历史文化村落、养生休闲山庄、乡村度假客栈、农家乐，实现脱贫致富。着力打造 19 条精品旅游线路，其中省级精品路线 8 条、跨省精品线路 6 条、跨境精品路线 5 条。

省级精品旅游线路 世界遗产精品旅游线（长沙—武陵源—老司城—崀山）、张吉怀生态文化精品旅游线（长沙—常德—张家界—吉首—凤凰—怀化—邵阳）、湘南寻根祭祖精品旅游线（长沙—南岳—炎帝陵—舜帝陵）、湘东红色文化与休闲精品旅游线（长沙—平江—浏阳—醴陵—攸县—茶陵—炎陵—桂东—汝城）、湘中大梅山文化精品旅游线（双峰—涟源—冷水江—新化—隆回—溆浦—安化—桃江）、湘北环洞庭湖生态文化度假精品旅游线（岳阳—益阳—常德）、伟人故里"红三角"精品旅游线（韶山—花明楼—乌石）、湘江生态旅游精品线（永州—衡阳—湘潭—株洲—长沙—岳阳）。

跨省精品旅游线路 京广高铁精品旅游线（北京—石家庄—郑州—武汉—岳阳—郴州—广州—深圳）、沪昆高铁精品旅游线（上海—杭州—南昌—株洲—怀化—贵阳—昆明）、长江黄金水道游轮线（上海—南京—芜湖—九江—武汉—岳阳—宜昌—重庆）、湘鄂赣红色文化旅游线（井冈山—株洲—湘潭—长沙—武汉）、张吉怀桂山水民族精品旅游线（张家界—吉首—凤凰—怀化—桂林）、湘赣闽红色文化与生态休闲精品旅游线（郴州—赣州—瑞金—龙岩—漳州—厦门）。

跨境精品旅游线路 日韩—长江—岳阳—长沙邮轮度假旅游线、俄罗斯—北京—长沙—韶山红色文化休闲旅游线、韩国—张家界—凤凰观光与民俗体验旅游线、东南亚—港澳台—株洲—永州海外同胞寻根祭祖旅游线、港澳台—衡阳—长沙—张家界—凤凰观光度假旅游线。

优化红色旅游空间布局，壮大以韶山为中心，涵盖花明楼、乌石寨的"红三角"红色发展核，打造大湘东、大湘南、大湘西三条红色发展带，建设韶山—井冈

·世界自然遗产、中国丹霞——崀山（鲸鱼闹海）

山等跨省红色旅游重点线路和伟人故里、重走长征路、红色根据地、历史转折、红色圣地、伟人故里国际友城之旅等六条红色旅游精品线路。

·韶山毛泽东故居

三 工作亮点

全域旅游基地建设 2016年3月,省委省政府召开湖南旅游发展大会,做出实施全域旅游发展战略、加快旅游强省建设的决策部署,出台了《湖南省旅游业"十三五"发展规划纲要》《湖南省消费导向型旅游投资促进计划》《关于实施乡村旅游精准扶贫工程的意见》和《关于支持湘潭(韶山)建设全国红色旅游融合发展示范区的若干意见》等"1+3"文件。2018年6月,省政府办公厅印发了《湖南省建设全域旅游基地三年行动计划(2018—2020年)》。2014年,湘潭(韶山)被国家旅游局批准为全国红色旅游融合发展示范区和全国红色旅游国际合作创建区。成立张家界旅游统计研究院。健全完善"张吉怀旅游共同体""张家界南线旅游合作区""大崀山生态文化旅游协作区"等区域旅游合作联盟。

"厕所革命" 全面深入实施《湖南省旅游厕所建设管理三年行动计划》(2015—2017年),完善全域旅游公共服务体系。2015—2017年,全省建成旅游厕所3796座。

旅游扶贫 推出"让美丽战胜贫困"湖南旅游扶贫典型案例55个,积极探索湖南乡村旅游精准扶贫的新经验、新模式。

·麓山彩林

文创引领 建立全国第一家旅游新场景实验室。铜官古镇被评为中国乡村旅游创客示范基地，韶山旅游区被评为首批中国优秀国际乡村旅游目的地。实施"锦绣潇湘"旅游品牌建设工程，在央视和湖南卫视推出《锦绣潇湘·伟人故里——湖南如此多娇》旅游形象宣传片。成立湖南旅游志愿者总队，让文明新风吹满"锦绣潇湘"，使文明旅游蔚然成风。

page 215

第十一章
民生建设

Chapter XI

一 概述

湖南高度重视民生工作,认真落实惠民政策,逐年增加民生投入,抓住基本民生问题攻坚克难、改革突破,取得巨大成就,人民群众的获得感、幸福感、安全感不断增强。

基本民生保障不断加强。目前民政常年保障服务对象 1500 多万人,覆盖全省总人口近 20%。养老服务、儿童福利、人居环境等社会事业有了长足进步,现已基本建成以居家为基础、社区为依托、机构为补充、医养相结合的多层次养老服务体系。

人民生活水平得到巨大改善,老百姓获得感、幸福感、安全感越来越强。2020 年城镇和农村居民人均可支配收入分别达到 41697.5 元和 16585 元,带动居民消费由生存型向温饱型、追求质量型和发展型转变。
(表 11-1、表 11-2,见附录)

·长沙火宫殿元宵庙会

湖南构建了省、市、县、乡、村五级医疗卫生服务网络。全省建立起基本医保、大病保障、医疗救助、疾病应急救助、商业健康保险等多重保障网，城乡居民参保率保持在 98% 以上。全面实现省内外异地就医即时结算。湖南实施贫困人口看病就医综合保障机制，基本建立了让贫困人口有地方看病、有医生看病、有制度保障看病的政策体系。

湖南把人民健康放在优先发展的战略地位。妇女和儿童健康提前实现联合国千年发展目标，孕产妇死亡率、5 岁以下儿童死亡率和婴儿死亡率持续下降，出生缺陷发生率连续 4 年下降。先后稳妥有序实施"单独两孩""全面两孩"政策，人口发展更趋均衡。目前全省正在加紧推行"三孩政策"。

湖南改革完善疾病预防控制体系，发展城市医联体和县域医共体。扩大药品、高值医用耗材集中带量采购范围，深化医保支付方式改革。健全重特大疾病医疗保险和救助制度，落实医疗保障待遇清单制度，优化跨省异地就医直接结算服务。

2020 年末，全省共有卫生机构 56042 个，其中，医院 1649 个，妇幼保健院（所、站）137 个，专科疾病防治院（所、站）82 个。卫生工作人员 61.65 万人，其中，执业医师 14.87 万人，注册护士 23.70 万人。医院拥有床位 51.98 万张。

二 就业

2012年，湖南出台政策，加大创业带动就业工作力度。2013年，湖南出台8条促进高校毕业生就业措施。2015年，湖南出台《关于促进创新创业带动就业工作的实施意见》。2016年，湖南、湖北、广东三省开展劳务协作脱贫试点，湘西州累计转移就业贫困劳动力21.16万人。2017年全省全面推开劳务协作脱贫工作，在长沙建立全国首家贫困劳动力劳务协作专门市场。

湖南城乡从业人员规模于2020年达3280万人，其中省内城镇从业人员由80万增加到1871万。2020年全省三次产业从业人员比例为25.5：26.9：47.6，第三产业从业人数猛增到1560万。（表11-3，见附录）

湖南强化就业优先导向。发挥劳动密集型企业、中小微企业、民营企业就业主渠道作用。抓好高校毕业生、退役军人、农民工等群体就业，推进脱贫人口稳岗就业，帮扶残疾人、零就业家庭成员等困难人员就业。（表11-4，见附录）

三
社会保障

2011年,湖南启动城镇居民养老保险试点,年满60周岁城镇非从业居民不用缴费就可直接按月领取养老金。全省参加城镇居民基本医疗保险人数1151.7万,全省工伤保险参保单位62232家,全省失业保险参保人数429.7万人,全省生育保险参保人数538.77万人。

· 湘雅医院

2012年，湖南实现新型农村社会养老保险（新农保）、城镇居民基本养老保险（城居保）两项制度全覆盖。湖南推进"大医保系统"建设，全省67个统筹区实现异地就医即时结算。

2014年，省政府发布《关于建立统一的城乡居民基本养老保险制度的实施意见》，决定将城居保、新农保合并为城乡居民基本养老保险。基金由个人缴费、集体补助、政府补贴构成。个人缴费暂分为每年100—3000元不等14个档次，多缴多得。

2016年，湖南整合城镇居民基本医疗保险和新型农村合作医疗两项制度，建立起全省统一的城乡居民基本医疗保险制度。

2017年2月，湖南启动跨省异地就医直接结算工作。湖南失业保险总费率由1.5%降至1%，调高了失业保险金待遇标准。

2018年，湖南规范生育津贴支付政策，将新增加的60天产假纳入生育保险生育津贴发放范围。

2019年,湖南建立城乡居民养老保险待遇确定和基础养老金正常调整机制,养老金按时足额发放率和社会化发放率始终保持100%。城乡居民的获得感、幸福感和安全感明显增强。湖南将大病保险筹资标准从50元/人提高到65元/人左右,职工医保住院政策范围内报销比例为81.7%,实际报销比例为69.9%。

2020年,湖南基本实现城乡居民养老保险全覆盖。

湖南整合了城乡居民养老保险制度,基本完成了机关事业单位养老保险制度改革,在全国率先实现了企业养老保险省级统筹。目前,全省参加基本养老保险5918.2万人、医疗保险6371.8万人,基本养老保险实现城乡全覆盖。连续17次提高退休人员养老金待遇。

·重要节假日，星城上演灯光焰火秀

　　湖南社会保障业绩主要表现在：保障制度体系日趋完善，全民覆盖目标正在实现，保障能力水平不断提高。湖南社会保险经办管理服务事业从小到大，服务范围从城到乡，管理规范从粗放逐步走向精准，人民群众享有的公共服务越来越多、越来越优。

附录

全书图表

Appendix

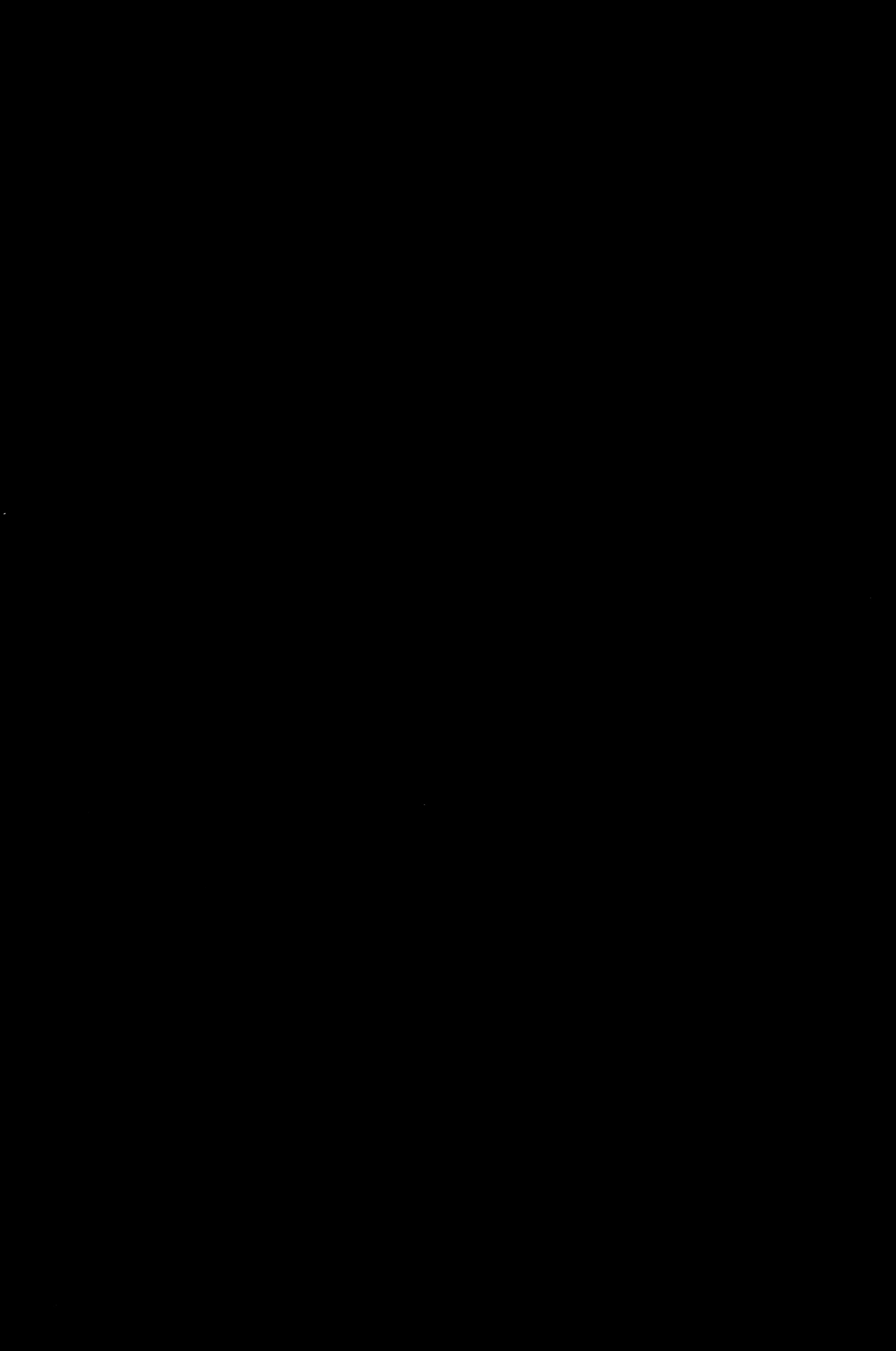

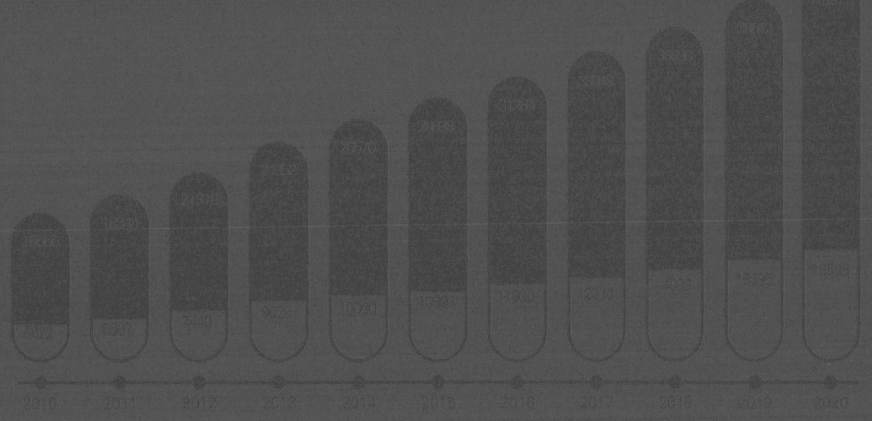

图 1-1 2010—2020 年湖南省城乡居民人均可支配收入（元）

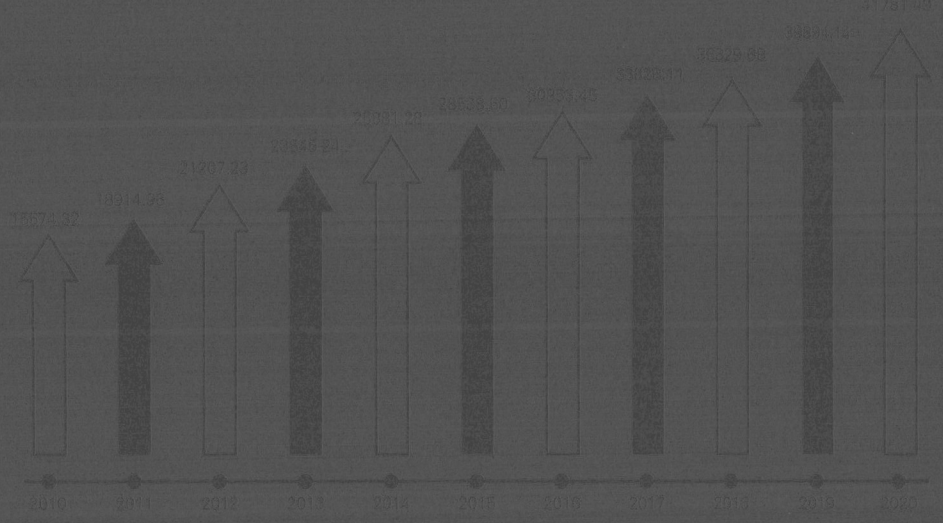

图 1-2 2010—2020 年湖南省地区生产总值（亿元）

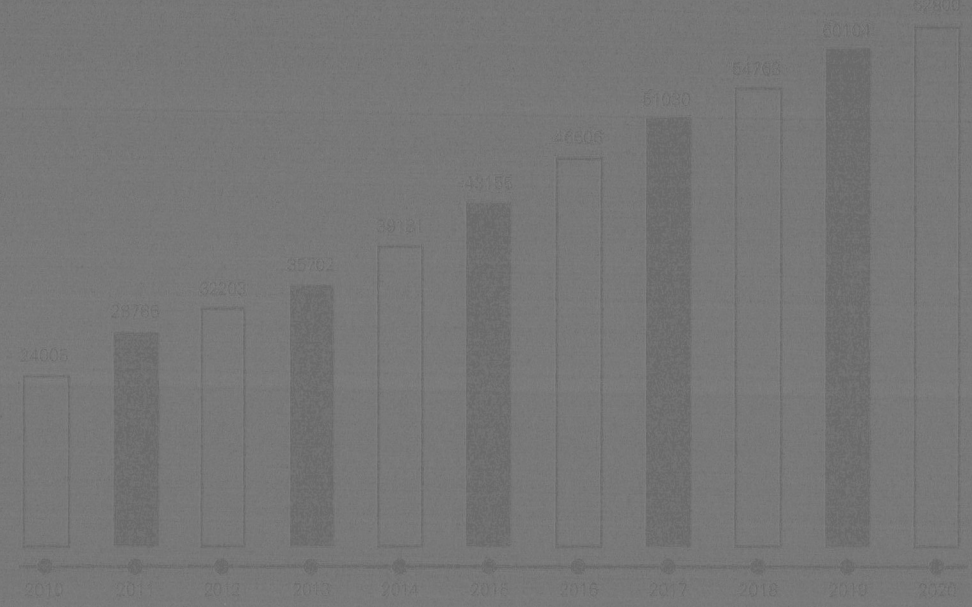

表 1-3 2010—2020 年湖南省人均生产总值（元）

表 1-4 2010 年、2020 年湖南省经济社会发展统计

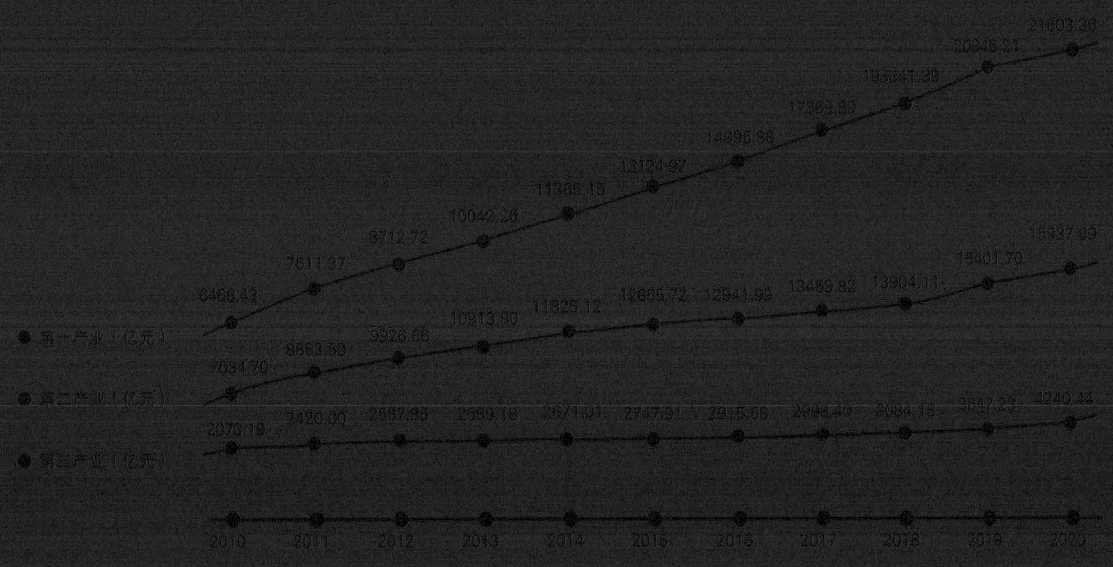

图 1-5 2010—2020 年湖南省三次产业增加值

○ 棉花　● 稻谷　● 粮食

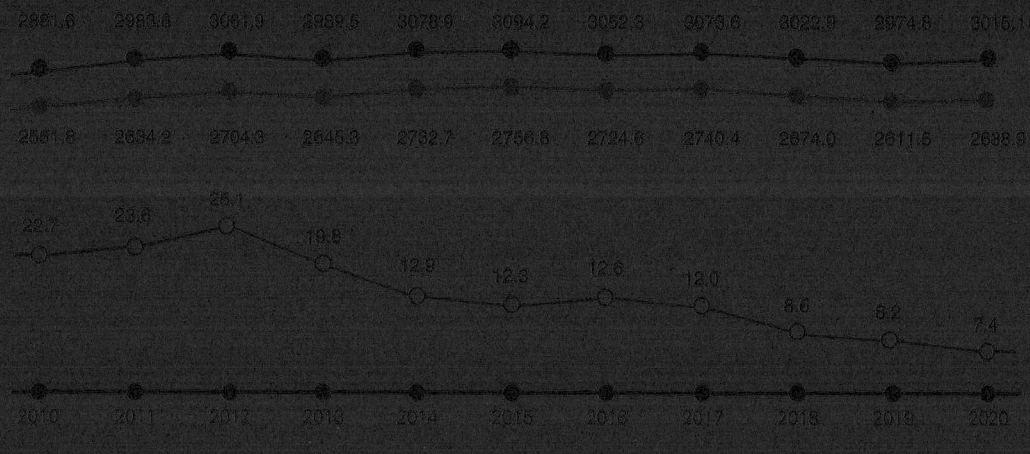

图 2-1　2010—2020 年湖南省粮食、棉花产量（万吨）

表 2-2　2010—2020 年湖南省畜牧业生产统计

年份	生猪（万头）	牛（万头）	羊（万只）	禽（万只）
2010	5725.5	144.5	656.2	39355.2
2011	5575.9	141.5	633.1	39264.2
2012	5878.8	146.6	636.2	41650.3
2013	5902.3	155.6	657.6	41283.6
2014	6220.3	161.4	676.3	40043.8
2015	6077.2	168.6	699.9	41474.7
2016	5920.9	143.4	725.5	42671.9
2017	5116.3	147.0	901.6	42263.8
2018	5993.7	152.7	911.0	42476.7
2019	4812.9	162.5	971.6	51057.0
2020	4658.9	174.6	983.3	54403.6

表 2-3 2010—2020 年湖南省农业生产条件

年份	农业机械总动力（万千瓦）	有效灌溉面积（千公顷）	化肥施用量（万吨）	农村用电量（亿千瓦时）
2010	4651.55	2726.66	236.57	98.63
2011	4935.59	2762.41	242.49	106.03
2012	5189.24	3070.84	249.11	110.23
2013	5435.93	2768.12	248.19	116.58
2014	5680.34	3101.70	247.80	123.68
2015	5894.06	3113.32	246.54	123.91
2016	6097.54	3132.37	246.44	126.70
2017	6254.83	3145.87	245.26	128.56
2018	6338.57	3164.00	242.81	130.82
2019	6471.32	3176.11	229.01	132.98
2020	6588.95	3293.48	223.73	134.69

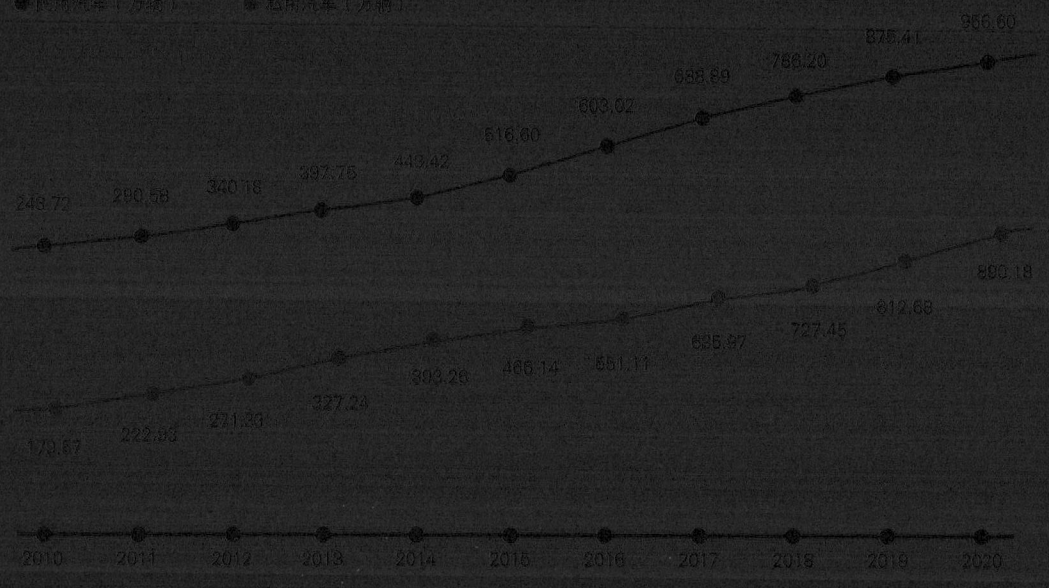

表 3-1 2010—2020 年湖南汽车拥有量

表 4-1　2010—2020 年湖南省交通运输线路统计

年份	铁路营运里程（公里）	高速铁路（公里）	公路里程（公里）	高速公路（公里）	内河航道（公里）
2010	3695	606	227998	2386	11968
2011	3693	604	232190	2649	11968
2012	3525	604	234051	3968	11968
2013	4028	786	235396	5084	11968
2014	4532	1293	236250	5493	11968
2015	4521	1293	238886	5653	11968
2016	4716	1374	238273	6080	11968
2017	4698	1396	239724	6419	11968
2018	5070	1730	240080	6725	11968
2019	5579	1986	240566	6802	11968
2020	5646	1997	241138	6951	11968

表 5-1　2010 年、2020 年湖南省教育统计

项目	单位	2010 年	2020 年
普通高等学校	所	117	114
中等职业教育学校	所	626	494
技工学校	所	129	147
普通中学	所	3933	4044
普通小学	所	12692	7246
特殊教育学校	所	54	95
学前教育	所	7829	16285
普通本专科在校学生人数	万人	104.4	122.6
配套中等学校在校学生人数	万人	76.5	66.1
普通中学在校学生人数	万人	316.8	357.0
小学在校学生人数	万人	479.2	501.8
每万人在校大学生数	人	147.3	226.1

表 8-1 2010—2020 年湖南省文化事业基本情况

年份	艺术表演团体（个）	公共图书馆（个）	博物馆（个）	广播人口覆盖率（%）	电视人口覆盖率（%）
2010	201	124	81	92.0	96.4
2011	114	130	85	92.6	96.8
2012	141	136	95	93.0	97.2
2013	227	136	103	93.3	97.4
2014	271	136	109	93.5	97.5
2015	273	137	113	94.1	98.0
2016	439	137	115	94.7	98.3
2017	534	139	120	98.5	98.8
2018	510	140	121	99.0	99.6
2019	575	141	117	99.4	99.7
2020	631	143	122	99.4	99.7

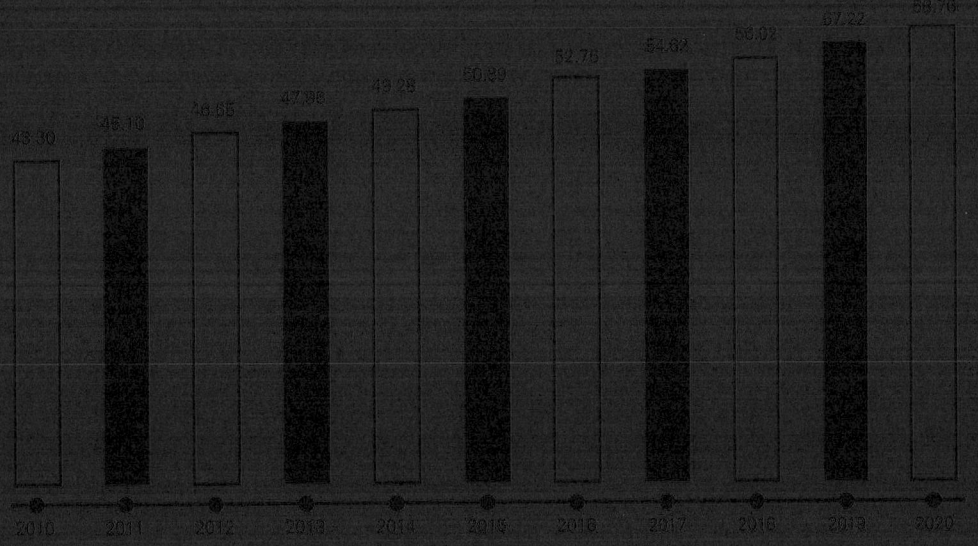

图 9-1 2010—2020 年湖南省城镇化率（%）

表 9-2 2010—2020 年湖南省建筑企业概况

年份	建筑业企业（个）	总产值（亿元）	企业总收入（亿元）	利税总额合计（亿元）	利润总额合计（亿元）
2010	2005	3161.73	3010.77	228.87	105.02
2011	2021	3915.01	3600.93	267.00	124.67
2012	2021	4407.92	4102.19	307.30	149.59
2013	2094	5283.84	4947.39	392.64	190.34
2014	2105	6020.97	5699.61	429.87	206.31
2015	2083	6630.82	6181.31	454.45	216.19
2016	2124	7304.22	7010.13	433.03	230.57
2017	2339	8423.00	7688.40	547.82	246.62
2018	2652	9581.44	8695.41	707.63	317.59
2019	2986	10800.62	9698.34	719.09	324.84
2020	3338	11863.77	10278.14	711.46	334.67

表 10-1 2010—2020 年湖南省旅游业统计

年份	接待游客总数（万人次）	旅游总收入（亿元）	星级饭店（个）
2010	20398	1425.80	549
2011	25328	1785.78	568
2012	30506	2234.10	581
2013	36058	2681.86	587
2014	41203	3050.70	555
2015	47331	3712.91	498
2016	56548	4707.43	461
2017	66935	7172.62	407
2018	75301	8355.73	397
2019	83154	9762.32	315
2020	59336	8261.95	320

表 11-1 2010—2020 年湖南省城镇居民生活统计

年份	人均全部收入（元）	人均可支配收入（元）	人均消费支出（元）	人均居住面积（平方米）
2010	17657.1	16565.7	11825.3	37.51
2011	20083.9	18844.1	13402.9	38.69
2012	22804.6	21318.8	14609.0	40.22
2013	26107.6	24352.0	16667.3	39.97
2014	28796.4	26570.2	18334.7	39.52
2015	31466.3	28838.1	19501.4	41.02
2016	35055.6	31263.9	21420.0	44.04
2017	38845.9	33947.9	23162.6	46.48
2018	42316.8	36698.3	25064.2	46.76
2019	46346.4	39841.9	26924.0	49.66
2020	47985.1	41698.0	26796.4	51.14

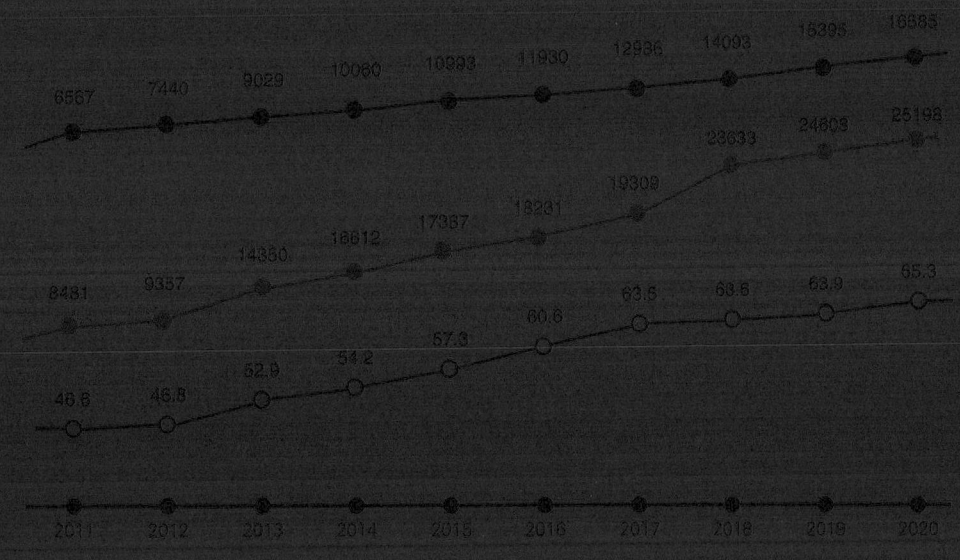

表 11-2 2011—2020 年湖南省农村居民生活统计

表 11-3 2010—2020 年湖南省就业人口统计

年份	就业人口（万人）	第一产业（万人）	第二产业（万人）	第三产业（万人）
2010	3982.73	1690.03	915.43	1377.27
2011	4005.03	1679.94	932.62	1392.47
2012	4019.31	1668.99	948.78	1401.54
2013	4036.45	1656.01	964.54	1415.90
2014	4044.13	1651.37	957.77	1434.99
2015	3980.30	1618.71	935.84	1425.75
2016	3920.41	1587.32	912.16	1420.93
2017	3817.22	1515.16	871.17	1430.89
2018	3738.58	1462.38	836.44	1439.76
2019	3666.48	1409.24	810.04	1447.20
2020	3280.00	836.00	884.00	1560.00

表11-4 2010年、2020年湖南省民生统计

项目	单位	2010年	2020年
人均全部收入	元	17657	47885
人均居住面积	平方米	37.51	51.14
城镇居民人均可支配收入	元	16566	41697.5
农村居民人均可支配收入	元	5622	16585
每千人拥有床位数	张	3.29	7.82
从业人员人数	万人	3982.79	3280.0
第一产业从业人员人数	万人	1960.93	836.0
第二产业从业人员人数	万人	915.43	884.0
第三产业从业人员人数	万人	1377.27	1560.0
城镇从业人员人数	万人	1229.48	1871.09
养老保险参保人数	万人	937.66	5198.17
医疗保险参保人数	万人	1894.47	6731.82
失业保险参保人数	万人	399.50	640.97
工伤保险参保人数	万人	515.97	820.47
生育保险参保人数	万人	527.13	633.75

版权所有，请勿翻印、转载

图书在版编目（CIP）数据

今朝：2012年以来的湖南 / 朱翔编著．——长沙：湖南美术出版社，2022.10
ISBN 978-7-5356-9900-8

Ⅰ.①今… Ⅱ.①朱… Ⅲ.①社会主义建设成就－湖南 Ⅳ.①D619.64

中国版本图书馆CIP数据核字(2022)第170751号

今朝——2012年以来的湖南
JINZHAO——2012 NIAN YILAI DE HUNAN

出 版 人：黄 啸
编　　著：朱 翔
责任编辑：刘 源 廖瓷璐
责任校对：侯 婵
整体设计：肖睿子
版式制作：肖睿子
出版发行：湖南美术出版社（长沙市雨花区东二环一段622号）
印　　刷：深圳市彩美印制有限公司
开　　本：787mm×1092mm 1/16
印　　张：16
版　　次：2022年10月第1版
印　　次：2022年10月第1次印刷
书　　号：ISBN 978-7-5356-9900-8
定　　价：298.00元

邮购联系：0731-84787105
网址：http://www.arts-press.com 电子邮箱：market@arts-press.com
如有倒装、缺页、少字等现象请与印刷厂联系调换。联系电话：0755-28447255
本书图片未经出版社同意，严禁翻印、盗用（仅作宣传、出版发行以外目的使用）。严禁用作商业用途。
出版社网络（免费热线）：0731-84787607